新 俳句・季語事典 5

山田みづえ 監修

俳句入門

石田郷子◆著

額《がく》の芽《め》の一葉《ひとは》大《おお》きくほぐれたり

池内《いけのうち》たけし

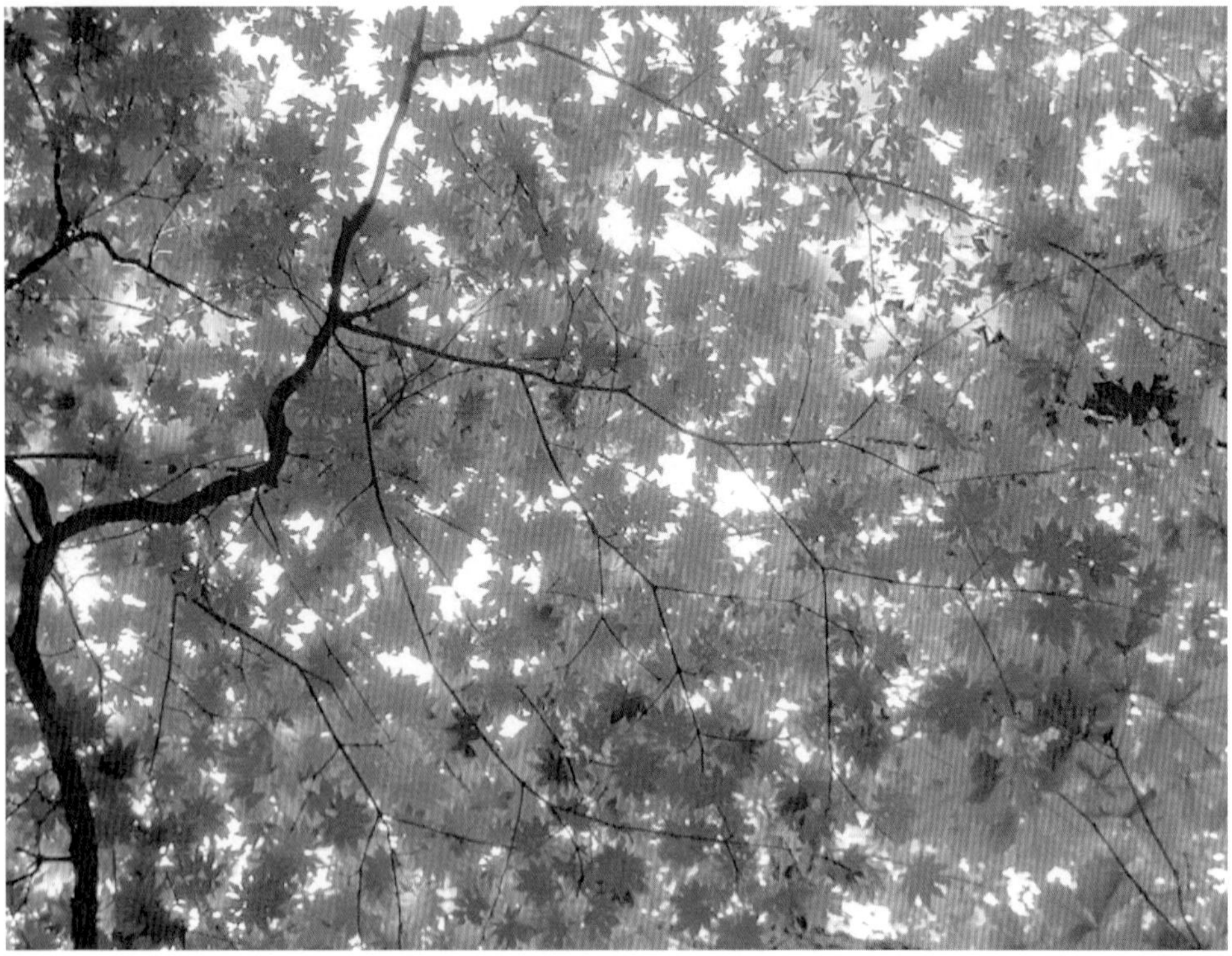

あらたふと青葉《あおば》若葉《わかば》の日《ひ》の光《ひかり》

芭蕉《ばしょう》

桜紅葉《さくらもみじ》天《てん》がまばらに見《み》えにけり

草間《くさま》時彦《ときひこ》

いつ《(っ)》ぽんの冬木《ふゆき》に待《ま》たれゐ《い》ると思《おも》へ

長谷川《はせがわ》櫂《かい》

野《の》道《みち》行《ゆ》けばげんげんの束《たば》のすててある

正《まさ》岡《おか》子《し》規《き》

ところどころ風《かぜ》吹《ふ》いてゐ《い》る青田《あおた》かな

山口《やまぐち》いさを

いちまいの刈田《かりた》となりてただ日《ひ》なた

長谷川素逝《はせがわそせい》

風音《かざおと》の虚空《こくう》を渡《わた》る冬田《ふゆた》かな

鈴木花蓑《すずきはなみの》

泣《な》き虫《むし》の子猫《こねこ》を親《おや》にもどしけり　久保《くぼ》より江《え》

群《むれ》に入《い》る目高《めだか》素早《すばや》く幸福《こうふく》に　金子兜太《かねことうた》

しづ《ず》かなる力《ちから》満《み》ちゆき螇蚸《ばった》とぶ

加藤楸邨《かとうしゅうそん》

鶴《つる》啼《な》くやわが身《み》のこゑ《え》と思《おも》ふ《う》まで

鍵和田秞子《かぎわだゆうこ》

俳句入門

もくじ

［協力］内堀写真事務所・福田一美／白河天文台／俳人協会刊『学校教育と俳句』
俳人協会主催「夏休み親子俳句教室」／大分県「豊っ子の会」／「航標」子ども俳句欄
「天為」子ども俳句欄／広島県五日市観音西小学校

監修《かんしゅう》のことば

”子《こ》どもの歳時記《さいじき》“に祝福《しゅくふく》を

――山田《やまだ》みづえ

子《こ》どものための『季語事典《きごじてん》』！

この書《しょ》が、日本《にっぽん》の子《こ》ども達《たち》にとって、生《う》まれてはじめて出会《であ》う歳時記《さいじき》になるかもしれないという誇《ほこ》りと自負《じふ》を覚《おぼ》えます。そして、慈愛《じあい》のまなざしを湛《たた》えて、子《こ》ども達《たち》のもとに送《おく》り出《だ》したいと思《おも》います。

昔々《むかしむかし》、ちょっと取《と》り付《つ》き難《がた》い思《おも》いで、大人《おとな》の歳時記《さいじき》を操《く》ったことをなつかしく感《かん》じながら、この『季語事典《きごじてん》』に出会《であ》う皆《みな》さんに祝福《しゅくふく》を捧《ささ》げます。

日本語《にほんご》の良《よ》さ、俳句《はいく》の親《した》しさ、日本《にほん》の四季《しき》のよろしさを充分《じゅうぶん》に楽《たの》しんでください。

著者《ちょしゃ》のことば

俳句《はいく》づくりの”手引《てび》き“に

石田郷子《いしだきょうこ》

『新《しん》 俳句《はいく》・季語事典《きごじてん》』第5巻”俳句入門《はいくにゅうもん》“は、はじめて俳句《はいく》に出会《であ》うみなさんを対象《たいしょう》に構成《こうせい》しました。

俳句《はいく》という短《みじか》い定型詩《ていけいし》では特殊《とくしゅ》な表現《ひょうげん》を用《もち》いることも多《おお》く、むずかしいと感《かん》じることもあるでしょう。けれども、それだけに日本語《にほんご》の美《うつく》しさや、ことばそのものの持《も》つ力《ちから》を最大限《さいだいげん》に活《い》かすことができる文芸《ぶんげい》だといえます。

この一書《いっしょ》が、俳句《はいく》に関《かん》する知識《ちしき》を得《え》るためだけでなく、実際《じっさい》に俳句《はいく》をつくるときの手引《てび》きとなれば幸《さいわ》いです。

また、本書《ほんしょ》では、「俳句《はいく》のなりたち」を藺草慶子《いぐさけいこ》さん、「俳句《はいく》のつくりかた」を岩田由美《いわたゆみ》さん、「俳句《はいく》はじめの一歩《いっぽ》」を福田一美《ふくだかずみ》さんにご寄稿《きこう》いただき、海津篤子《かいづあつこ》さん、津高里永子《つたかりえこ》さん、長嶺千晶《ながみねちあき》さん、中西夕紀《なかにしゆき》さん、川島葵《かわしまあおい》さんにも執筆《しっぴつ》をお願《ねが》いいたしました。この場《ば》をお借《か》りして心《こころ》からお礼《れい》を申《もう》し上《あ》げます。

俳句入門

俳句《はいく》のなりたち

俳句《はいく》は、世界《せかい》で最《もっと》も短《みじか》い詩《し》として知《し》られています。でも、はじめから、こんなに短《みじか》かったわけではありません。昔《むかし》の俳句《はいく》は、百行《ひゃくぎょう》（百句《ひゃっく》）にもなる長《なが》いものだったといったら、みなさんはびっくりするでしょうか。

実《じつ》は、「俳句《はいく》」ということばは、明治時代《めいじじだい》になってから広《ひろ》まったものです。江戸時代《えどじだい》までの俳句《はいく》は「俳諧《はいかい》」と呼《よ》ばれ、今《いま》の俳句《はいく》とはちがったものでした。では、江戸時代《えどじだい》までの俳諧《はいかい》とは、どんなものだったのでしょう。

【俳諧《はいかい》のはじまり——連歌《れんが》から俳諧《はいかい》へ】

「俳諧《はいかい》」とは、「俳諧《はいかい》の連歌《れんが》」を省略《しょうりゃく》した呼《よ》びかたです。「俳諧《はいかい》」は、「滑稽《こっけい》」（おもしろおかしいこと）という意味《いみ》ですから、「俳諧《はいかい》の連《れん》歌《が》」とは、「おもしろおかしい内容《ないよう》の連歌《れんが》」ということになります。

では、連歌《れんが》とは何《なん》でしょう。連歌《れんが》とは、五《ご》・七《しち》・五《ご》・七《しち》・七《しち》の音《おん》数《すう》でできた和歌《わか》がいくつも連《つら》なったものをいいます。連歌《れんが》は、ふつう百行《ひゃくぎょう》（百句《ひゃっく》）からできていて、この百行《ひゃくぎょう》を何人《なんにん》もの人《ひと》がいっしょにつくっていくのです。

まず、一行目《いちぎょうめ》の五《ご》・七《しち》・五《ご》の部分《ぶぶん》（発句《ほっく》）をつくります。次《つぎ》に、それに続《つづ》く七《しち》・七《しち》の部分《ぶぶん》を次《つぎ》の人《ひと》がつくります。そして、その七《しち》・七《しち》に続《つづ》く五《ご》・七《しち》・五《ご》を次《つぎ》の人《ひと》がつくり・・・・といったぐあいに、五《ご》・七《しち》・五《ご》と七《しち》・七《しち》を交互《こうご》に継《つ》ぎ足《た》していくのです。

十五世紀《じゅうごせいき》には、こうした和歌《わか》から生《う》まれた連歌《れんが》と呼《よ》ばれる詩《し》がさかんにつくられていました。この時代《じだい》のすぐれた連歌《れんが》の指導者《しどうしゃ》とし

ては、宗祇《そうぎ》※などがあげられます。

十六世紀《じゅうろくせいき》になると、こうした連歌《れんが》の中《なか》から「俳諧《はいかい》の連歌《れんが》」が生《う》まれます。いよいよ「俳諧《はいかい》」の誕生《たんじょう》です。それまでつくられてきた連歌《れんが》は、高《たか》い教養《きょうよう》や美意識《びいしき》が必要《ひつよう》とされ、内容《ないよう》も優雅《ゆうが》であらたまったものでした。それに対《たい》して、「俳諧《はいかい》の連歌《れんが》」は、いっぱんの人々《ひとびと》がふだん使《つか》っていることばで、おもしろおかしく自由《じゆう》につくったものです。「俳諧《はいかい》」は、連歌《れんが》に対《たい》して「連句《れんく》」とも呼《よ》ばれました。

連歌《れんが》には、季節《きせつ》を表《あらわ》すことばを入《い》れるという決《き》まりがありました。季節《きせつ》を表《あらわ》すことばを集《あつ》め四季別《しきべつ》に分類《ぶんるい》・整理《せいり》した書物《しょもつ》（歳時記《さいじき》）がつくられるようになるのも、このころ（十六世紀《じゅうろくせいき》）からです。

【江戸時代《えどじだい》の俳諧《はいかい》——貞門《ていもん》、談林《だんりん》から芭蕉《ばしょう》、蕪村《ぶそん》、一茶《いっさ》まで】

江戸時代《えどじだい》になると、俳諧《はいかい》は武士《ぶし》や町人《ちょうにん》たちの間《あいだ》に全国的《ぜんこくてき》に広《ひろ》まっていきます。中心《ちゅうしん》となったのが松永貞徳《まつながていとく》※を指導者《しどうしゃ》とする一門《いちもん》で、貞門俳諧《ていもんはいかい》と呼《よ》ばれました。その内容《ないよう》はことば遊《あそ》びと上品《じょうひん》な笑《わら》いが基《き》

※印の用語は初出に注。

宗祇《そうぎ》…室町時代《むろまちじだい》の連歌師《れんがし》。

松永貞徳《まつながていとく》…京都《きょうと》の人《ひと》。庶民《しょみん》のあいだに和歌《わか》を広《ひろ》め、俳諧師《はいかいし》としても活躍《かつやく》しました。

本《ほん》でした。やがて、貞門俳諧《ていもんはいかい》にあきたらなくなった人々《ひとびと》は、もっといきいきと大胆《だいたん》に笑《わら》いを詠《よ》むようになります。西山宗因《にしやまそういん》※を中心《ちゅうしん》としたこの一門《いちもん》は、談林俳諧《だんりんはいかい》※と呼《よ》ばれました。しかし談林俳諧《だんりんはいかい》は、人《ひと》を驚《おどろ》かせるような新《あたら》しさはあっても、内容《ないよう》に深《ふか》みはありませんでした。

そんな時代《じだい》の中《なか》で、松尾芭蕉《まつおばしょう》は一生《いっしょう》を旅《たび》にかけ、蕉風俳諧《しょうふうはいかい》と呼《よ》ばれる芸術性《げいじゅつせい》の高《たか》い作品《さくひん》を残《のこ》しました。十八世紀《じゅうはっせいき》には、画家《がか》でもあった与謝蕪村《よさぶそん》が豊《ゆた》かな教養《きょうよう》と趣味《しゅみ》をもとに洗練《せんれん》された美《うつく》しい作品《さくひん》を、十九世紀《じゅうきゅうせいき》の初《はじ》めには、信濃《しなの》（今《いま》の長野県《ながのけん》）の小林一茶《こばやしいっさ》が個性的《こせいてき》な作品《さくひん》をつくり活躍《かつやく》します。しかし、しだいに俳諧《はいかい》は、しゃれなどのことば遊《あそ》びで笑《わら》いをさそうような、芸術性《げいじゅつせい》の低《ひく》いものになっていきました。

【明治時代《めいじじだい》の俳句《はいく》――正岡子規《まさおかしき》の改革《かいかく》】

江戸時代《えどじだい》まで、俳諧《はいかい》の最初《さいしょ》の五《ご》・七《しち》・五《ご》の部分《ぶぶん》は「発句《ほっく》」と呼《よ》ば

西山宗因《にしやまそういん》…熊本県《くまもとけん》の武士《ぶし》でしたが連歌師《れんがし》となり、談林《だんりん》俳諧《はいかい》の祖《そ》として西鶴《さいかく》をはじめ多《おお》くの俳人《はいじん》を育《そだ》てました。

談林俳諧《だんりんはいかい》…新《あたら》しみのあることばや発想《はっそう》で、こっけい味《み》を主《しゅ》にした俳句《はいく》の流派《りゅうは》。貞門《ていもん》に対抗《たいこう》しておこりました。

俳誌・馬酔木

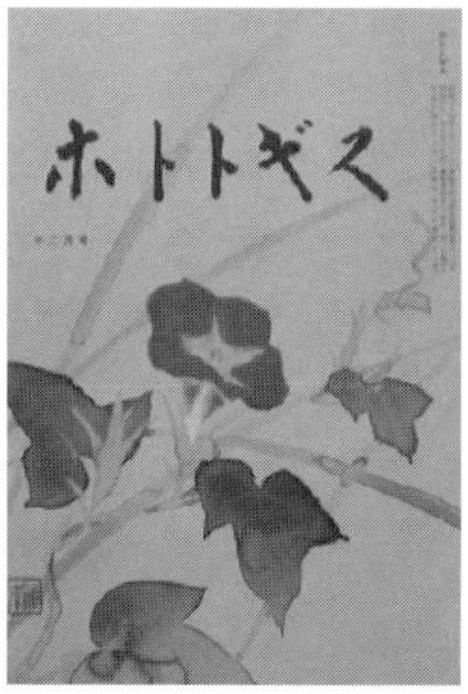

俳誌・ホトトギス

芭蕉の墓・滋賀県大津市の義仲寺

れてきました。この五《ご》・七《しち》・五《ご》の部分《ぶぶん》を、一《ひと》つの作品《さくひん》として独立《どくりつ》させ、「俳句《はいく》」と呼《よ》びかえたのは、俳諧革新運動《はいかいかくしんうんどう》を起《お》こした正岡子規《まさおかしき》でした。

子規《しき》は、それまでの発句《ほっく》が低級《ていきゅう》な内容《ないよう》だったのに対《たい》して、今《いま》までとは違《ちが》った内容《ないよう》の作品《さくひん》をつくりだすため、呼《よ》びかたも新《あら》たに「俳《はい》句《く》」と変《か》えたのです。子規《しき》は、俳句雑誌《はいくざっし》『ホトトギス』※を刊行《かんこう》し、西洋美術《せいようびじゅつ》の影響《えいきょう》を受《う》けて、自分《じぶん》が実際《じっさい》に見《み》たものをありのままに詠《よ》む「写生《しゃせい》」※の大切《たいせつ》さを強調《きょうちょう》しました。

【大正《たいしょう》、昭和時代《しょうわじだい》の俳句《はいく》】

子規《しき》の刊行《かんこう》していた俳句雑誌《はいくざっし》『ホトトギス』を継《つ》いだのは高浜虚子《たかはまきょし》です。虚子《きょし》は、「花鳥諷詠《かちょうふうえい》」※「客観写生《きゃっかんしゃせい》」※を主張《しゅちょう》し、花《はな》や鳥《とり》に代表《だいひょう》されるような自然《しぜん》を、自分《じぶん》の感情《かんじょう》を交《まじ》えずそのまま詠《よ》むことをすすめました。一方《いっぽう》、河東碧梧桐《かわひがしへきごとう》※たちは新傾向俳句《しんけいこうはいく》※を主張《しゅちょう》し、「花鳥諷詠《かちょうふうえい》」にとらわれず、もっと個性《こせい》を発揮《はっき》した俳句《はいく》をつくろうとします。この流《なが》れからは、季語《きご》のない無季俳句《むきはいく》※や五《ご》・七《しち》・五《ご》のリズムで

『ホトトギス』…はじめは「ほととぎす」の名《な》で、正岡子規《まさおかしき》が主宰《しゅさい》した俳句雑誌《はいくざっし》。写生文《しゃせいぶん》や小説《しょうせつ》も掲載《けいさい》しました。『ホトトギス』と改名《かいめい》して高浜虚子《たかはまきょし》が引《ひ》きつぎました。

写生《しゃせい》…景色《けしき》や事実《じじつ》などをありのままにうつしとること。

花鳥諷詠《かちょうふうえい》…自然《しぜん》を詠《よ》むこと。

客観写生《きゃっかんしゃせい》…主観《しゅかん》をまじえずに写生《しゃせい》すること。

河東碧梧桐《かわひがしへきごとう》…（一八七三〜一九三七）松山市《まつやまし》生まれの俳人《はいじん》。

新傾向俳句《しんけいこうはいく》…自由律《じゆうりつ》や無季《むき》の俳句《はいく》。

無季俳句《むきはいく》…季語《きご》を含《ふく》まない俳句《はいく》。

はない自由律俳句《じゆうりつはいく》※をつくる作家《さっか》も現《あらわ》れました。尾崎放哉《おざきほうさい》、荻原井泉水《おぎわらせいせんすい》、種田山頭火《たねださんとうか》たちです。一時《いちじ》は、この新傾向俳句《しんけいこうはいく》が広《ひろ》く流行《りゅうこう》しました。

『ホトトギス』からは、大正時代《たいしょうじだい》には村上鬼城《むらかみきじょう》、飯田蛇笏《いいだだこつ》らが、昭和《しょうわ》に入《はい》っては、その頭文字《かしらもじ》から四S《よんエス》※と名付《なづ》けられた高野素十《たかのすじゅう》、山口誓子《やまぐちせいし》、水原秋櫻子《みずはらしゅうおうし》、阿波野青畝《あわのせいほ》の四人《よにん》をはじめ、川端茅舎《かわばたぼうしゃ》、松本《まつもと》たかし、富安風生《とみやすふうせい》、山口青邨《やまぐちせいそん》など、すぐれた作家《さっか》が次々《つぎつぎ》に出《で》てきました。女性《じょせい》では、杉田久女《すぎたひさじょ》をはじめ、四T《よんティー》※とよばれた橋本多佳子《はしもとたかこ》、三橋鷹女《みつはしたかじょ》、星野立子《ほしのたつこ》、中村汀女《なかむらていじょ》らが活躍《かつやく》しています。

その後《ご》、『ホトトギス』は俳句《はいく》の流《なが》れの中心《ちゅうしん》となっていきますが、それに満足《まんぞく》できない俳人《はいじん》も現《あらわ》れます。昭和三年《しょうわさんねん》、水原秋櫻子《みずはらしゅうおうし》は俳句雑誌《はいくざっし》『馬酔木《あしび》』を出《だ》して新興俳句運動《しんこうはいくうんどう》※をはじめます。この運動《うんどう》はやがて西東三鬼《さいとうさんき》の作品《さくひん》に代表《だいひょう》されるような無季俳句《むきはいく》をも生《う》み出《だ》しました。そして、戦中《せんちゅう》、戦後《せんご》をとおして、『ホトトギス』出身の中村草田男《なかむらくさたお》や『馬酔木《あしび》』の加藤楸邨《かとうしゅうそん》、石田波郷《いしだはきょう》たちが、人間《にんげん》の生《い》き方《かた》をテーマに詠《よ》み、人間探求派《にんげんたんきゅうは》※と呼《よ》ばれて時代《じだい》をリードしてゆきました。また、社会性俳句《しゃかいせいはいく》、前衛俳句《ぜんえいはいく》と呼《よ》ばれる運動《うんどう》も生《う》まれ、一《ひと》つの流《なが》れとなりました。

俳句《はいく》は、このようなさまざまな流《なが》れをつくりながら現在《げんざい》にいたっています。

自由律俳句《じゆうりつはいく》…俳句《はいく》の五《ご》・七《しち》・五、十七《じゅうなな》文字《もじ》の形式《けいしき》をやぶったもの。

四S《よんエス》…同時代《どうじだい》に活躍《かつやく》した男《だん》性俳人《せいはいじん》、水原秋櫻子《みずはらしゅうおうし》・高野《たかの》素十《すじゅう》・阿波野青畝《あわのせいほ》・山口誓《やまぐちせい》子《し》の四人《よにん》の頭文字《かしらもじ》をとって名付《なづ》けた呼《よ》び方《かた》。

四T《よんティー》…同時代《どうじだい》に活躍《かつやく》した女《じょ》性俳人《せいはいじん》、中村汀女《なかむらていじょ》・星野立《ほしのたつ》子《こ》・橋本多佳子《はしもとたかこ》・三橋鷹女《みつはしたかじょ》の四人《よにん》の名《な》まえの頭文字《かしらもじ》をとって、名付《なづ》けた呼《よ》び方《かた》。

新興俳句運動《しんこうはいくうんどう》…1931年《ねん》、水原秋櫻子《みずはらしゅうおうし》や山口誓子《やまぐちせいし》が中心《ちゅうしん》となっておこった俳《はい》句運動《くうんどう》で、それまでの俳句《はいく》にはなかった新《あたら》しい発想《はっそう》や感覚《かんかく》、素材《そざい》などを積極的《せっきょくてき》に取《と》り入《い》れ、俳句《はいく》の近代化《きんだいか》を目指《めざ》しました。

人間探究派《にんげんたんきゅうは》…人間《にんげん》をテーマにした思想的《しそうてき》な作風《さくふう》。

俳人年表

1400 / 1500 / 1600 / 1700 / 1800 / 1900 / 2000

- 室町時代
- 安土桃山時代
- 江戸時代
- 明治
- 大正・昭和・平成

- 飯尾宗祇（1421～1502）
- 松永貞徳（1571～1653）
- 西山宗因（1605～1682）
- 松尾芭蕉（1644～1694）
- 与謝蕪村（1716～1783）
- 小林一茶（1763～1827）
- 村上鬼城（1865～1938）
- 正岡子規（1867～1902）
- 河東碧梧桐（1873～1937）
- 高浜虚子（1874～1959）
- 種田山頭火（1882～1940）
- 荻原井泉水（1884～1976）
- 飯田蛇笏（1885～1962）
- 尾崎放哉（1885～1926）
- 富安風生（1885～1979）
- 杉田久女（1890～1946）
- 山口青邨（1892～1988）
- 水原秋櫻子（1892～1981）
- 高野素十（1893～1976）
- 川端茅舎（1897～1941）
- 阿波野青畝（1899～1992）
- 橋本多佳子（1899～1963）
- 三橋鷹女（1899～1972）
- 中村汀女（1900～1988）
- 西東三鬼（1900～1962）
- 中村草田男（1901～1983）
- 山口誓子（1901～1994）
- 星野立子（1903～1984）
- 加藤楸邨（1905～1993）
- 松本たかし（1906～1956）
- 石田波郷（1913～1969）

人物伝《じんぶつでん》

この俳人《はいじん》・人物伝《じんぶつでん》では、俳句《はいく》ということばがまだなかった江戸時代《えどじだい》に俳諧《はいかい》の宗匠《そうしょう》※として活躍《かつやく》し、いまの時代《じだい》にもそのすぐれた作品《さくひん》が伝《つた》えられている三人《さんにん》の作家《さっか》、芭蕉《ばしょう》、蕪村《ぶそん》、一茶《いっさ》と、また『俳句入門《はいくにゅうもん》』巻頭句《かんとうく》の作者《さくしゃ》をふくめ、現代俳句《げんだいはいく》の基礎《きそ》をきずいた正岡子規《まさおかしき》以降《いこう》、俳句《はいく》の歴史《れきし》に名《な》を残《のこ》した俳人《はいじん》たちを取《と》り上《あ》げました。

どういう人たちだったのか、どうして俳句《はいく》をつくるようになったのか、どのような活動《かつどう》をしたのかなど、その横顔《よこがお》を紹介《しょうかい》します。

芭蕉《ばしょう》（一六四四〜一六九四）

松尾芭蕉《まつおばしょう》は、正保元年《しょうほうがんねん》に伊賀上野《いがうえの》（今《いま》の三重県《みえけん》の西部《せいぶ》）に生《う》まれました。本名《ほんみょう》を宗房《むねふさ》といい、武家《ぶけ》の血筋《ちすじ》であったといわれています。十九歳《じゅうきゅうさい》のとき、藩主《はんしゅ》の血縁《けつえん》に当《あた》る藤堂家《とうどうけ》の子息《しそく》、良忠《よしただ》に仕《つか》えることになりました。良忠《よしただ》は蟬《せん》吟《ぎん》の名《な》で俳諧《はいかい》をたしなんでいました。

芭蕉《ばしょう》は蟬吟《せんぎん》とともに熱心《ねっしん》に俳諧《はいかい》を学《まな》び、才能《さいのう》をみとめられましたが、蟬吟《せんぎん》は若《わか》くして亡《な》くなってしまいました。芭蕉《ばしょう》はその後《ご》も俳諧《はいかい》の勉強《べんきょう》を続《つづ》け、二《に》十九歳《じゅうきゅうさい》の時《とき》、俳諧師《はいかいし》※として身《み》をたてようとこころざして江戸《えど》に向《むか》いました。新興都市《しんこうとし》だった江戸《えど》では当時《とうじ》、多《おお》くの俳諧師《はいかいし》たちが活躍《かつやく》していたのです。

江戸《えど》に移《うつ》り住《す》んだ芭蕉《ばしょう》は桃青《とうせい》と名乗《なの》り、多《おお》くの俳諧師《はいかいし》たちと交流《こうりゅう》を深《ふか》めながら俳諧《はいかい》に打《う》ち込《こ》みました。そして俳諧《はいかい》の連歌《れんが》※の会《かい》をもよおすなどして実績《じっせき》を積《つ》み、しだいに門人《もんじん》も多《おお》くなってゆきました。そのころは談林流《だんりんりゅう》※という新《あたら》しい傾向《けいこう》の俳諧《はいかい》が主流《しゅりゅう》でした。芭蕉《ばしょう》はさらに新《あたら》しい境地《きょうち》を見出《みいだ》してゆきます。こっけいや機知《きち》を中心《ちゅうしん》としたことばの遊《あそ》びとしての俳諧《はいかい》ではなく、さびしさやわびしさといった精神的《せいしんてき》なものを表現《ひょうげん》するようになっていったのです。

三十七歳《さんじゅうななさい》のとき、芭蕉《ばしょう》は江戸《えど》の深川《ふかがわ》に移《うつ》り住《す》みました。翌年《よくねん》にその家《いえ》の庭《にわ》に植物《しょくぶつ》の芭蕉《ばしょう》が植《う》えられました。そのためここは芭蕉庵《ばしょうあん》と呼《よ》ばれ、桃青《とうせい》は

俳諧師《はいかいし》…俳諧《はいかい》を職業《しょくぎょう》とする人《ひと》。

俳諧《はいかい》の連歌《れんが》…こっけいを中《ちゅう》心《しん》とする連歌《れんが》の一《ひと》つで、室《むろ》町《まち》時代《じだい》の末期《まっき》に盛《さか》んになりました。

いつしか芭蕉《ばしょう》と名《な》のるようになりました。すでに俳諧《はいかい》の宗匠《そうしょう》※になっていましたが、生活《せいかつ》はけっして楽《らく》ではなく、水道工事《すいどうこうじ》の記録係《きろくがかり》の副業《ふくぎょう》をしていたことはよく知《し》られています。

四十歳《よんじゅっさい》を過《す》ぎてからはたびたび旅《たび》に出《で》るようになります。当時《とうじ》の旅《たび》はほとんどが徒歩《とほ》で、苦労《くろう》の多《おお》いものでしたが、芭蕉《ばしょう》は旅《たび》を続《つづ》け、多《おお》くの人々《ひとびと》と交流《こうりゅう》を重《かさ》ねながら蕉風《しょうふう》と呼《よ》ばれる句境《くきょう》を深《ふか》めていきました。そして、数々《かずかず》のすぐれた発句《ほっく》と紀行文《きこうぶん》を残《のこ》したのです。中《なか》でもいちばん有名《ゆうめい》なのは『おくのほそ道《みち》』で、元禄二年《げんろくにねん》、門人《もんじん》の曽良《そら》をともなって深川《ふかがわ》から東北《とうほく》、北陸《ほくりく》、伊勢《いせ》へとめぐった五《ご》カ月間《げつかん》の旅《たび》をつづったものです。元禄《げんろく》七年《ななねん》、五十一歳《ごじゅういっさい》になった芭蕉《ばしょう》は、大勢《おおぜい》の門人《もんじん》たちにみとられながら旅先《たびさき》の大阪《おおさか》で亡《な》くなりました。

荒海《あらうみ》や佐渡《さど》に横《よこ》たふ《う》天河《あまのがわ》

佐渡《さど》は新潟県《にいがたけん》に属《ぞく》する大《おお》きな島《しま》。佐渡《さど》に向《む》かっていた芭蕉《ばしょう》は、波《なみ》のたかい日本海《にほんかい》の上《うえ》にきらめく天《あま》の川《がわ》を眺《なが》めながら佐渡《さど》に思《おも》いをはせた。雄大《ゆうだい》な句《く》。

季語《きご》＝天河《あまのがわ》〈秋《あき》〉

宗匠《そうしょう》…師匠《ししょう》。先生《せんせい》のこと。

蕪村《ぶそん》（一七一六〜一七八三）

蕪村《ぶそん》は享保元年《きょうほうがんねん》に摂津国毛馬村《せっつのくにけまむら》（今《いま》の大阪市《おおさかし》）に生《う》まれたといわれています。姓《せい》は谷口《たにぐち》といいました。幼《おさな》いころのことはあまりよくわかっていませんが、子《こ》どものころから絵《え》に興味《きょうみ》があり、早《はや》くから狩野派《かのうは》の画家《がか》に絵画《かいが》を教《おそ》わるようになったといわれています。二十歳《にじゅっさい》のころには江戸《えど》にゆき、早野巴人《はやのはじん》という俳諧《はいかい》の宗匠《そうしょう》に師事《しじ》※しました。巴人《はじん》は其角《きかく》や嵐雪《らんせつ》に俳諧《はいかい》を教《おそ》わった人《ひと》ですが、其角《きかく》も嵐雪《らんせつ》も芭蕉《ばしょう》の弟子《でし》だった人《ひと》です。

蕪村《ぶそん》は巴人《はじん》のもとで、俳諧《はいかい》の手《て》ほどきを受《う》けながら、絵《え》の勉強《べんきょう》にも励《はげ》みました。蕪村《ぶそん》の生《い》きた時代《じだい》には、松尾芭蕉《まつおばしょう》の『おくのほそ道《みち》』の足跡《そくせき》をたどって旅《たび》をすることが俳諧《はいかい》を志《こころざ》す人《ひと》たちの間《あいだ》で流行《りゅうこう》しました。蕪村《ぶそん》も、若《わか》いころには芭蕉《ばしょう》をしたって東北地方《とうほくちほう》などを旅《たび》して歩《ある》きました。

三十六歳《さんじゅうろくさい》のとき、蕪村《ぶそん》は京都《きょうと》へ移《うつ》り住《す》みました。雲水《うんすい》※の姿《すがた》をして寺《てら》に身《み》を寄《よ》せ俳諧《はいかい》と画業《がぎょう》を続《つづ》けていましたが、四十五歳《よんじゅうごさい》の時《とき》に結婚《けっこん》し、与謝《よさ》という姓《せい》を名《な》のるようになります。この時期《じき》にはまだ俳諧師《はいかいし》としても画家《がか》としてもそれほど知《し》られていませんでした。

しかし、五十三歳《ごじゅうさんさい》のころから、今《いま》に残《のこ》る名作《めいさく》をつぎつぎに生《う》みだすようになります。そして、五十五歳《ごじゅうごさい》のときには、師《し》・巴人《はじん》の夜半亭《やはんてい》をひきついで俳《はい》

師事《しじ》…教《おし》えを受《う》けること。
雲水《うんすい》…旅《たび》をしながら修業《しゅぎょう》をする僧《そう》。

諧《かい》の宗匠《そうしょう》になりました。

このころからは画家《がか》としてもしだいに名声《めいせい》が高《たか》まってゆきます。芭蕉《ばしょう》の紀《き》行文《こうぶん》を絵画《かいが》にして絵巻物《えまきもの》をつくったり、芭蕉《ばしょう》の肖像《しょうぞう》を描《えが》いたりしました。今《いま》もそれらの作品《さくひん》を見《み》ることができます。

芭蕉《ばしょう》を尊敬《そんけい》していた蕪村《ぶそん》ですが、その発句《ほっく》の作風《さくふう》は芭蕉《ばしょう》とはまたことなる魅力《みりょく》を持《も》つものでした。芝居《しばい》のように物語的《ものがたりてき》であったり、幻想的《げんそうてき》だったり、絵画《かいが》のように写実的《しゃじつてき》だったりとさまざまな味《あじ》わいのあるものでした。また、新《あたら》しい形式《けいしき》の俳詩《はいし》をこころみて、『春風馬堤曲《しゅんぷうばていきょく》』などの作品《さくひん》も残《のこ》しています。

蕪村《ぶそん》は生前《せいぜん》、自分自身《じぶんじしん》の発句集《ほっくしゅう》は出版《しゅっぱん》しないと公言《こうげん》していました。しかし、死後《しご》に弟子《でし》の高井几董《たかいきとう》によって『蕪村句集《ぶそんくしゅう》』がまとめられました。

春《はる》の海《うみ》終日《ひねもす》のたりのたりかな

波《なみ》のおだやかな海《うみ》が、春《はる》の暖《あたた》かい日《ひ》ざしをいっぱいに受《う》けている。ゆっくり暮《く》れてゆく春《はる》の一《いち》日《にち》。いつまでもあきることなく海《うみ》を眺《なが》めている作《さく》者《しゃ》だ。

季語《きご》＝春《はる》の海《うみ》〈春《はる》〉

一茶《いっさ》（一七六三〜一八二七）

小林一茶《こばやしいっさ》は、宝暦十三年《ほうれきじゅうさんねん》、長野県信濃町《ながのけんしなのまち》の柏原《かしわばら》に農家《のうか》の長男《ちょうなん》として生《う》まれました。名《な》まえを弥太郎《やたろう》といいました。三歳《さんさい》のときに母《はは》を亡《な》くし祖母《そぼ》に育《そだ》てられましたが、やがて父《ちち》が再婚《さいこん》すると、新《あたら》しい母《はは》となじむことができずに十五歳《じゅうごさい》で家《いえ》を出《で》て江戸《えど》に奉公《ほうこう》にゆきました。江戸《えど》での生活《せいかつ》はきびしいものでしたが、いつしか俳諧《はいかい》に手《て》をそめるようになり、二十歳《はたち》のころには俳諧師《はいかいし》として成功《せいこう》することを夢見《ゆめみ》るようになっていました。

一茶《いっさ》は葛飾派《かつしかは》※と呼《よ》ばれる人《ひと》たちの教《おし》えを受《う》け、遠《とお》く四国《しこく》や九州《きゅうしゅう》まで旅《たび》をして、俳諧《はいかい》の修行《しゅぎょう》にはげみました。けれども、当時江戸《とうじえど》には優秀《ゆうしゅう》な俳諧師《はいかいし》が数多《かずおお》くいたため、俳諧師《はいかいし》になってもなかなか生活《せいかつ》はゆたかにはなりませんでした。

やがて故郷《こきょう》の父《ちち》が亡《な》くなり、一茶《いっさ》と弟《おとうと》のあいだで遺産相続《いさんそうぞく》のあらそいが起《お》こりました。一茶《いっさ》はいったんは江戸《えど》に戻《もど》って俳諧《はいかい》を続《つづ》けたものの、あいかわらず生活《せいかつ》はきびしいものでした。暮《く》らしに困《こま》ると葛飾派《かつしかは》の拠点《きょてん》である上総《かずさ》、下総《しもふさ》など今《いま》の房総半島《ぼうそうはんとう》の各地《かくち》に行《い》って知人《ちじん》の家《いえ》を渡《わた》り歩《ある》いてしのいでいました。一茶《いっさ》はそのような生活《せいかつ》がいやになり、故郷《こきょう》にもどりたいと願《ねが》うようになりました。そして五十一歳《ごじゅういっさい》のときには、とうとう故郷《こきょう》にもどりました。

葛飾派《かつしかは》…現在《げんざい》の千葉地方《ちばちほう》を拠点《きょてん》として各地《かくち》の農村《のうそん》を中心《ちゅうしん》に活動《かつどう》した流派《りゅうは》。

柏原《かしわばら》では俳諧《はいかい》の宗匠《そうしょう》として裕福《ゆうふく》な農家《のうか》から歓迎《かんげい》され、生活《せいかつ》もゆたかになってゆきました。やがて五十二歳《ごじゅうにさい》で一茶《いっさ》は結婚《けっこん》します。妻《つま》、菊《きく》とのあいだには子《こ》どもが四人《よにん》生《う》まれました。ところが、どの子《こ》もみな幼《おさな》くして亡《な》くなってしまいました。最愛《さいあい》の娘《むすめ》さとが亡《な》くなったときには『おらが春《はる》』という句文集《くぶんしゅう》※を書《か》きましたが、この作品《さくひん》は一茶《いっさ》の代表作《だいひょうさく》の一《ひと》つになっています。

その後《ご》も、妻《つま》を亡《な》くし、病気《びょうき》にかかり、家《いえ》を火事《かじ》でなくすなど一茶《いっさ》は度《たび》重《かさ》なる不幸《ふこう》にあいました。しかし、一茶《いっさ》はそんな不幸《ふこう》のなかでも数多《かずおお》くの俳《はい》句《く》を生《う》みだしました。それらの多《おお》くは小《ちい》さな生《い》き物《もの》や弱《よわ》い立場《たちば》のものに心《こころ》を寄《よ》せ、孤独《こどく》とたたかうさびしさやみじめさをたくして詠《よ》んだものでした。その作品《さくひん》は、今《いま》なお私《わたし》たちの胸《むね》を打《う》ちます。

雪《ゆき》とけて村《むら》一《いっ》ぱいの子《こ》ども哉《かな》

雪国《ゆきぐに》に春《はる》がやってきた。山《やま》の雪解《ゆきど》け水《みず》が川《かわ》に流《なが》れ込《こ》み、ふもとの村《むら》では梅《うめ》のつぼみもふくらんできた。村《むら》のどこででも、元気《げんき》よく遊《あそ》ぶ子《こ》どもたちの姿《すがた》をみかける。

季語《きご》＝雪解《ゆきど》け〈春《はる》〉

句文集《くぶんしゅう》…俳句《はいく》と随筆《ずいひつ》で構成《こうせい》された本《ほん》。

村上鬼城《むらかみきじょう》（一八六五〜一九三八）

鬼城《きじょう》（本名《ほんみょう》、荘太郎《そうたろう》）は慶応元年《けいおうがんねん》、江戸《えど》に生《う》まれました。幼《おさな》いころに群馬県《ぐんまけん》の高崎《たかさき》に移《うつ》り、七十三歳《ななじゅうさんさい》で亡《な》くなるまで、そこに住《す》みました。十八歳《じゅうはっさい》のとき病気《びょうき》で耳《みみ》が不自由《ふじゆう》になったため、軍人《ぐんじん》や司法官《しほうかん》になる夢《ゆめ》はあきらめて、裁判所《さいばんしょ》の代書人《だいしょにん》になりました。正義感《せいぎかん》がつよく自由民権運動《じゆうみんけんうんどう》にたずさわって各地《かくち》で演説《えんぜつ》するなど、社会《しゃかい》に広《ひろ》く目《め》を向《む》けていました。俳句《はいく》をはじめたきっかけは、当時《とうじ》の新《あたら》しい俳句《はいく》について、正岡子規《まさおかしき》と手紙《てがみ》を交《か》わしたことでした。やがて『ホトトギス』※に投句《とうく》しはじめ、俳句《はいく》だけでなく写生文《しゃせいぶん》※や評論《ひょうろん》もみとめられるようになり、主宰者《しゅさいしゃ》の高浜虚子《たかはまきょし》の激励《げきれい》を受《う》けます。子《こ》どもが多《おお》く、貧《まず》しい生活《せいかつ》が続《つづ》きましたが、小林一茶《こばやしいっさ》のように小動物《しょうどうぶつ》にあたたかい目《め》をそそぎながら、格調《かくちょう》の高《たか》い作風《さくふう》をつらぬき、自分《じぶん》の境遇《きょうぐう》のつらさにひるむことはありませんでした。

写生文《しゃせいぶん》…西洋絵画《せいようかいが》から学《まな》んだ写生《しゃせい》の技法《ぎほう》で表現《ひょうげん》した文《ぶん》。対象《たいしょう》をありのままに描《えが》こうとするものです。

川底《かわぞこ》に蝌蚪《かと》の大国《たいこく》ありにけり

蝌蚪《かと》はおたまじゃくし。春《はる》の小川《おがわ》では蛙《かえる》の卵《たまご》がふ化《か》し、小《ちい》さなおたまじゃくしが数《かぞ》えきれないほど尾《お》をふって泳《およ》いでいる。まるでおたまじゃくしの大国《たいこく》のようだ。

季語《きご》＝蝌蚪《かと》〈春《はる》〉

正岡子規《まさおかしき》（一八六七〜一九〇二）

正岡子規《まさおかしき》（本名《ほんみょう》、常規《つねのり》）は慶応《けいおう》三年《さんねん》、愛媛県《えひめけん》松山《まつやま》市《し》に生《う》まれました。若《わか》いころに結核《けっかく》で喀血《かっけつ》したので「啼《な》いて血《ち》を吐《は》く子規《ほととぎす》※」ということばを踏《ふ》まえて子《し》規《き》と名乗《なの》るようになりました。三十五歳《さんじゅうごさい》で亡《な》くなりましたが、短《みじか》い生涯《しょうがい》の間《あいだ》にさまざまな文学活動《ぶんがくかつどう》を果《はた》しました。とくに短歌《たんか》と俳句《はいく》の両方《りょうほう》を新《あたら》しく再生《さいせい》させることに全力《ぜんりょく》をそそぎ、俳句《はいく》では、蕪村《ぶそん》の再評《さいひょう》価《か》、作句《さっく》における写生《しゃせい》の重要性《じゅうようせい》などを熱心《ねっしん》に説《と》き、今日《こんにち》の隆盛《りゅうせい》のもとを築《きず》きました。やがて脊椎《せきつい》カリエス※が悪化《あっか》して、病床《びょうしょう》を離《はな》れられない暮《く》らしになります。それでも随筆《ずいひつ》を書《か》き、絵筆《えふで》で庭《にわ》の糸瓜《へちま》や朝顔《あさがお》などをスケッチし、大好《だいす》きな柿《かき》を一度《いちど》にいくつも食《た》べたりして、生《い》きる情熱《じょうねつ》を失《うしな》いませんでした。多《おお》くの門下生《もんかせい》を育《そだ》て、『坊《ぼ》っちゃん』で有名《ゆうめい》な夏目漱石《なつめそうせき》とは親友同士《しんゆうどうし》でした。死後《しご》、高浜虚子《たかはまきょし》により『子規句《しきく》集《しゅう》』が刊行《かんこう》されました。

子規《ほととぎす》…鳥《とり》のホトトギスのこと。まるで血《ち》を吐《は》くようにはげしく鳴《な》くといわれています。

脊椎《せきつい》カリエス…おもに結核《けっかく》のために、骨《ほね》が慢《まん》性的《せいてき》に炎症《えんしょう》を起《お》こす病気《びょうき》。

柿《かき》くへば鐘《かね》が鳴《な》るなり法隆寺《ほうりゅうじ》

茶店《ちゃみせ》でひと休《やす》みしている作者《さくしゃ》。大好《だいす》きな柿《かき》をほおばっていると、法隆寺《ほうりゅうじ》の鐘《かね》がゴーンと鳴《な》りひびいた。そろそろ日《ひ》も暮《く》れる。秋《あき》の深《ふか》まってきたことを感《かん》じる。

季語《きご》＝柿《かき》〈秋《あき》〉

高浜虚子《たかはまきょし》（一八七四〜一九五九）

虚子《きょし》（本名《ほんみょう》、清《きよし》）は明治七年《めいじななねん》、愛媛県松山市《えひめけんまつやまし》に生《う》まれました。十代《じゅうだい》の時《とき》に、親友《しんゆう》の河東碧梧桐《かわひがしへきごとう》※を通《つう》じて、郷里《きょうり》の先輩《せんぱい》である正岡子規《まさおかしき》と文通《ぶんつう》を始《はじ》めたことが俳句《はいく》をつくるきっかけになりました。俳号《はいごう》の虚子《きょし》は本名《ほんみょう》の清《きよし》から子規《しき》が名《な》づけたものです。碧梧桐《へきごとう》とともに仙台《せんだい》の高校《こうこう》をやめて上京《じょうきょう》し、『ホトトギス』※という雑誌《ざっし》を発行《はっこう》して、はじめは小説《しょうせつ》などの創作活動《そうさくかつどう》に力《ちから》を入《い》れていました。しかし、碧梧桐《へきごとう》を中心《ちゅうしん》とする自由律《じゆうりつ》※や無季《むき》※の俳句《はいく》が流行《りゅうこう》したため、定型《ていけい》※や季題《きだい》※を守《まも》った俳句《はいく》の美《うつく》しさが忘《わす》れられてしまわないようにと全力《ぜんりょく》を注《そそ》ぐようになり、碧梧桐《へきごとう》と対立《たいりつ》するようになりました。子規《しき》の説《と》いた写生《しゃせい》の精神《せいしん》をわかりやすく、見《み》たものをそのまま詠《よ》む「客観写生《きゃっかんしゃせい》※」として唱《とな》え、女性《じょせい》の俳句《はいく》への参加《さんか》も奨励《しょうれい》しました。

そんな虚子《きょし》のもとでは俳句《はいく》の歴史《れきし》に残《のこ》る大勢《おおぜい》の俳《はい》人《じん》たちが育《そだ》っていったのです。

定型《ていけい》…この場合《ばあい》、俳句《はいく》の五《ご》・七《しち》・五《ご》の形式《けいしき》のこと。

季題《きだい》…季語《きご》のこと。

去年《こぞ》今年《ことし》貫《つらぬ》く棒《ぼう》の如《ごと》きもの

一年《いちねん》が終《お》わって、新《あたら》しい年《とし》がめぐってきた。しかし、時《とき》は一本《いっぽん》の棒《ぼう》のようなもので何《なに》かが急《きゅう》に変《か》わるものではない。平静《へいせい》な目《め》で人生《じんせい》をみつめる作者《さくしゃ》だ。

季語《きご》＝去年今年《こぞことし》〈新年《しんねん》〉

種田山頭火《たねださんとうか》（一八八二〜一九四〇）

種田山頭火《たねださんとうか》（本名《ほんみょう》、正一《しょういち》）は、明治《めいじ》十五年《じゅうごねん》、山口県《やまぐちけん》防府市《ほうふし》の大地主《おおじぬし》の家《いえ》に生《う》まれました。十歳《じゅっさい》のとき母《はは》を亡《な》くし、祖母《そぼ》に育《そだ》てられました。少年《しょうねん》のころから短《たん》歌《か》や俳句《はいく》に親《した》しみ、二十歳《はたち》で東京《とうきょう》に出《で》て文学《ぶんがく》を学《まな》びました。病気《びょうき》のため大学《だいがく》は中退《ちゅうたい》しましたが文学活動《ぶんがくかつどう》は続《つづ》けて、やがて自由律俳句《じゆうりつはいく》※を主唱《しゅしょう》する荻原井泉水《おぎわらせいせんすい》※主宰《しゅさい》の俳誌《はいし》「層雲《そううん》」に参加《さんか》するようになります。「層雲《そううん》」の選者《せんじゃ》となったころ、種田家《たねだけ》は破産《はさん》し、山頭火《さんとうか》は妻子《さいし》を連《つ》れて九州《きゅうしゅう》の熊本《くまもと》に移《うつ》り古書店《こしょてん》や額縁店《がくぶちてん》をいとなみました。しかし、お酒《さけ》が好《す》きだった山頭火《さんとうか》は飲酒《いんしゅ》の上《うえ》の失敗《しっぱい》をくり返《かえ》したため、四十代《よんじゅうだい》には出家《しゅっけ》して旅《たび》に出《で》ます。以後全国《いごぜんこく》を歩《ある》きつづけ、のちに放浪《ほうろう》の俳人《はいじん》と呼《よ》ばれるようになるのです。四国松山《しこくまつやま》の一草庵《いっそうあん》で亡《な》くなるまで自由律俳句《じゆうりつはいく》をつくり続《つづ》け、その作品《さくひん》は今《いま》でも多《おお》くの人《ひと》の共感《きょうかん》を得《え》ています。

荻原井泉水《おぎわらせいせんすい》…（一八八四〜一九七六）東京生《とうきょうう》まれの俳人《はいじん》。

分《わ》け入《い》つ《っ》ても分《わ》け入《い》つ《っ》ても青《あお》い山《やま》

放浪《ほうろう》の旅《たび》を続《つづ》ける作者《さくしゃ》の行《ゆ》く手《て》には夏《なつ》の山々《やまやま》がある。一《ひと》つの山《やま》を越《こ》えてもまた次《つぎ》の山《やま》がそびえている。そんな山々《やまやま》に抱《いだ》かれるように私《わたし》は旅《たび》を続《つづ》けるのだ。

季語《きご》＝青《あお》い山《やま》（青嶺《あおね》）〈夏《なつ》〉

尾崎放哉《おざきほうさい》（一八八五～一九二六）

尾崎放哉《おざきほうさい》（本名《ほんみょう》、秀雄《ひでお》）は、明治十八年《めいじじゅうはちねん》、鳥取市《とっとりし》に生《うま》れました。十六歳《じゅうろくさい》で俳句《はいく》をはじめ、学生時代《がくせいじだい》には荻原井泉水《おぎわらせいせんすい》※らと俳句会《はいくかい》を起《お》こし、高浜虚子《たかはまきょし》や河東碧《かわひがしへき》梧桐《ごとう》の指導《しどう》を受《う》けました。大学《だいがく》を卒業《そつぎょう》して保険会社《ほけんがいしゃ》に入《はい》り支配人《しはいにん》になりましたが、飲酒《いんしゅ》のために問題《もんだい》をおこして退職《たいしょく》し、やがて家庭《かてい》も捨《す》ててしまいます。しかし、そんな境遇《きょうぐう》の中《なか》で井泉水《せいせんすい》主宰《しゅさい》の俳誌《はいし》『層《そう》雲《うん》』に作品《さくひん》を発表《はっぴょう》しはじめます。井泉水《せいせんすい》はそんな放《ほう》哉《さい》を支《ささ》えましたが、放哉《ほうさい》は相変《あいか》わらず飲酒《いんしゅ》を断《た》つことができず、寺《てら》の堂守《どうもり》として各地《かくち》を転々《てんてん》としたあと、小豆島《しょうどしま》の南郷庵《なんごうあん》で四十二年《よんじゅうにねん》の生涯《しょうがい》を閉《と》じました。実社会《じっしゃかい》になじめない破滅的《はめつてき》な性格《せいかく》を持《も》ちあわせた人《ひと》でしたが、自由律俳句《じゆうりつはいく》※の世界《せかい》ではその個性《こせい》を大《おお》いに発揮《はっき》しました。その作品《さくひん》はすべての執着《しゅうちゃく》を捨《す》て去《さ》ったあとの飾《かざ》りのない魂《たましい》の世界《せかい》を描《えが》きだし、今《いま》も私《わたし》たちの心《こころ》を打《う》ちます。

せきをしてもひとり

放浪生活《ほうろうせいかつ》を送《おく》っていた作者《さくしゃ》には、病気《びょうき》にかかっても看病《かんびょう》してくれる人《ひと》もいない。咳《せき》をしてもむなしく、自分《じぶん》で自分《じぶん》の咳《せき》の音《おと》をきくだけだ。孤独感《こどくかん》がにじんでいる句《く》。

季語《きご》＝咳《せき》〈冬《ふゆ》〉

富安風生《とみやすふうせい》（一八八五〜一九七九）

富安風生《とみやすふうせい》（本名《ほんみょう》、謙次《けんじ》）は明治十八年《めいじじゅうはちねん》、愛知県《あいちけん》に生《うま》れました。早《はや》くから俳句《はいく》に親《した》しみ、新聞《しんぶん》に投稿《とうこう》していましたが、官吏《かんり》として福岡《ふくおか》に勤務《きんむ》していたときに『ホトトギス』※の吉岡禅寺洞《よしおかぜんじどう》の指導《しどう》で本格的《ほんかくてき》にはじめました。のちには山口青邨《やまぐちせいそん》、山口誓子《やまぐちせいし》、水原秋櫻子《みずはらしゅうおうし》などと共《とも》に「東大俳句会《とうだいはいくかい》」※で高浜虚子《たかはまきょし》の指導《しどう》を直接《ちょくせつ》受《う》けるようになります。

虚子《きょし》の唱《とな》えた写生《しゃせい》※を基本《きほん》とし、極端《きょくたん》な試《こころ》みは見《み》せませんでしたが、軽《かろ》やかで現代的《げんだいてき》な鋭《するど》さの感《かん》じられる作風《さくふう》でした。

仕事《しごと》でも高《たか》い地位《ちい》につきますが、五十二歳《ごじゅうにさい》で退官《たいかん》し、俳句《はいく》に専念《せんねん》し、『ホトトギス』や主宰誌《しゅさいし》『若葉《わかば》』で若《わか》い人《ひと》たちの指導《しどう》に当《あた》ります。風生《ふうせい》は九十四歳《きゅうじゅうよんさい》という長寿《ちょうじゅ》をまっとうしました。亡《な》くなるまで俳句《はいく》をつくり続《つづ》け、晩年《ばんねん》も自身《じしん》の老《お》いの心境《しんきょう》に沿《そ》った、あたたかく味《あじ》わい深《ふか》い作品《さくひん》を数多《かずおお》く残《のこ》しています。

東大俳句会《とうだいはいくかい》…東京《とうきょう》の『ホトトギス』発行所《はっこうじょ》で高浜虚子《たかはまきょし》の指導《しどう》のもとに行《おこ》なわれた俳句会《はいくかい》。

秋晴《あきばれ》の運動会《うんどうかい》をしてゐ《い》るよ

すばらしい秋晴《あきばれ》の一日《いちにち》、走《はし》っている列車《れっしゃ》の窓《まど》からみた小《ちい》さな運動会《うんどうかい》をよんだ句《く》だ。呼《よ》びかけるような口語《こうご》の表現《ひょうげん》に作者《さくしゃ》のあたたかいまなざしが感《かん》じられる。

季語《きご》＝運動会《うんどうかい》〈秋《あき》〉

飯田《いいだ》蛇笏《だこつ》（一八八五〜一九六二）

飯田《いいだ》蛇笏《だこつ》（本名《ほんみょう》、武治《たけじ》）は、明治《めいじ》十八年《じゅうはちねん》、山梨県《やまなしけん》の境川村《さかいがわむら》で生《う》まれました。学生時代《がくせいじだい》には、詩《し》を作《つく》ったり小説《しょうせつ》を書《か》いたりすることに興味《きょうみ》を持《も》っていましたが、やがて高浜虚子《たかはまきょし》選《せん》の「国民俳壇《こくみんはいだん》」や『ホトトギス』※に投稿《とうこう》するようになり、俳句《はいく》への情熱《じょうねつ》を高《たか》めていきました。そして、大正六年四十六歳《たいしょうろくねんよんじゅうろくさい》のときには、俳句雑誌《はいくざっし》『雲母《うんも》』の主宰者《しゅさいしゃ》となります。住《す》んでいた家《いえ》を山廬《さんろ》と名《な》づけ、どっしりとかまえて、山国《やまぐに》の風土《ふうど》や風景《ふうけい》を力強《ちからづよ》く詠《よ》みつづけ、また、多《おお》くの俳人《はいじん》たちを指導《しどう》しました。戦争《せんそう》によって三人《さんにん》の息子《むすこ》を失《うしな》いましたが、四男《よんなん》の龍太《りゅうた》は、みずみずしい青春俳句《せいしゅんはいく》で世《よ》に認《みと》められ、蛇笏《だこつ》の後継者《こうけいしゃ》として活躍《かつやく》しました。虚子《きょし》に次《つ》ぐ偉大《いだい》な俳人《はいじん》として風格《ふうかく》のある句《く》を発表《はっぴょう》し続《つづ》けた蛇笏《だこつ》の業績《ぎょうせき》をたたえて、昭和四十一年《しょうわよんじゅういちねん》「蛇笏賞《だこつしょう》」がもうけられ、現在《げんざい》、俳句界最高《はいくかいさいこう》の賞《しょう》となっています。

をりとりてはらりとおもきすすきかな

すすきの穂《ほ》が風《かぜ》になびいている。なにげなくその一本《いっぽん》を折《お》り取《と》ってみると、かろやかに見《み》えたすすきには思《おも》いがけない重《おも》さがあったのだ。その驚《おどろ》きが一句《いっく》になった。

季語《きご》＝すすき〈秋《あき》〉

久保田万太郎《くぼたまんたろう》（一八八九〜一九六三）

久保田万太郎《くぼたまんたろう》は明治《めいじ》二十二年《にじゅうにねん》東京浅草《とうきょうあさくさ》で生《うま》れました。中学時代《ちゅうがくじだい》からすでに暮雨《ぼう》や傘雨《さんう》という名《な》で俳句《はいく》をつくりはじめ、松根東洋城《まつねとうようじょう》※などに師事《しじ》していました。しかし、大学生《だいがくせい》のときにはじめて書《か》いた小説《しょうせつ》『朝顔《あさがお》』が作家《さっか》の永井荷風《ながいかふう》に認《みと》められてからは、小説家《しょうせつか》として、また演劇作家《えんげきさっか》としても幅《はば》ひろく活躍《かつやく》するようになりました。俳句《はいく》は一時中断《いちじちゅうだん》していましたが、演劇関係者《えんげきかんけいしゃ》を中心《ちゅうしん》とする句会《くかい》に誘《さそ》われて、またはじめるようになり、戦後《せんご》の昭和二十一年《しょうわにじゅういちねん》には俳誌《はいし》『春燈《しゅんとう》』を創刊《そうかん》しました。万太郎《まんたろう》は、「自分《じぶん》は小説《しょうせつ》や戯曲《ぎきょく》が専門《せんもん》で、俳句《はいく》は自分《じぶん》にとっては余技《よぎ》である」といい続《つづ》けていました。しかし、その場《ば》の雰囲気《ふんいき》をつかんでさらりと詠《よ》んだ即興《そっきょう》のあいさつ句《く》でさえも味《あじ》わい深《ぶか》くすぐれたものでした。粋《いき》で生活感《せいかつかん》のある叙情的《じょじょうてき》※な作風《さくふう》は、広《ひろ》くいっぱんの人《ひと》にも親《した》しまれています。

松根東洋城《まつねとうようじょう》…（一八七八〜一九六四）東京生《とうきょうう》まれの俳人《はいじん》。

時計屋《とけいや》の時計《とけい》春《はる》の夜《よ》どれがほんと

通《とお》りがかりにのぞいた時計屋《とけいや》の時計《とけい》。みんなまちまちの時間《じかん》をさしている。本当《ほんとう》の時間《じかん》を指《さ》しているのがあるのだろうか。春《はる》の夜《よ》のおぼろな感《かん》じが伝《つた》わってくる。

季語《きご》＝春《はる》の夜《よ》〈春《はる》〉

杉田久女《すぎたひさじょ》（一八九〇～一九四六）

杉田《すぎた》久女《ひさじょ》(本名《ほんみょう》、ひさ)は、明治《めいじ》二十三年《にじゅうさんねん》、鹿児島《かごしま》市《し》で生《う》まれました。明治《めいじ》四十二年《よんじゅうにねん》、十九歳《じゅうきゅうさい》のときに杉《すぎ》田宇内《たうない》と結婚《けっこん》し、福岡県《ふくおかけん》の小倉《こくら》に住《す》みました。俳句《はいく》は、兄《あに》の月蟾《げっせん》から手《て》ほどきを受《う》けたことをきっかけにはじめ、高浜虚子《たかはまきょし》主宰《しゅさい》の俳誌《はいし》『ホトトギス』※で数《かず》少《すく》ない女性俳人《じょせいはいじん》の一人《ひとり》として活躍《かつやく》します。女性《じょせい》たちは家庭《かてい》にしばられ、女性《じょせい》のつくる俳句《はいく》は台所俳句《だいどころはいく》※と呼《よ》ばれていた時代《じだい》でしたが、久女《ひさじょ》は積極的《せっきょくてき》に句会《くかい》に参加《さんか》し、俳句《はいく》をつくるために一人《ひとり》で出《で》かけることもありました。

しかし、そのために家庭《かてい》をないがしろにしていると批難《ひなん》を受《う》けました。夫《おっと》は中学《ちゅうがく》の教師《きょうし》で堅実《けんじつ》な人《ひと》でしたが、久女《ひさじょ》の、すぐれた俳人《はいじん》になりたいというこころざしを理解《りかい》しませんでした。久女《ひさじょ》はそんな境遇《きょうぐう》に苦悩《くのう》しながらも、ゆたかな叙情《じょじょう》に満《み》ちた作品《さくひん》を数《かず》多《おお》く残《のこ》し、女性俳人《じょせいはいじん》のさきがけとなったのです。

台所俳句《だいどころはいく》…女性《じょせい》が家庭《かてい》の日常《にちじょう》を素材《そざい》に詠《よ》んだ俳句《はいく》。

谺《こだま》して山《やま》ほととぎすほしいまま

夏《なつ》になるとやってくるほととぎす。鳴《な》くとその声《こえ》は山中《さんちゅう》にこだまする。そのほこらかなようすを「ほしいまま（思《おも》いどおりに）」と表現《ひょうげん》した。スケールの大《おお》きい句《く》だ。

季語《きご》＝ほととぎす〈夏《なつ》〉

山口青邨《やまぐちせいそん》（一八九二〜一九八八）

山口青邨《やまぐちせいそん》（本名《ほんみょう》、吉郎《よしろう》）は明治二十五年《めいじにじゅうごねん》に岩手県盛岡市《いわてけんもりおかし》に生《う》まれました。大学《だいがく》の先生《せんせい》をしながら、高浜虚子《たかはまきょし》に師事《しじ》して俳句《はいく》を学《まな》びはじめ、水原秋櫻子《みずはらしゅうおうし》らと東大俳句会《とうだいはいくかい》※でさかんに活動《かつどう》しました。

昭和三年《しょうわさんねん》の『ホトトギス』の子規講演会《しきこうえんかい》では「どこか実《み》のある話《はなし》」という講演《こうえん》をして「東《ひがし》に秋素《しゅうす》の二《に》Ｓ《エス》あり。西《にし》に青誓《せいせい》の二《に》Ｓ《エス》あり」といい、それ以後《いご》、秋櫻子《しゅうおうし》、素十《すじゅう》、青畝《せいほ》、誓子《せいし》の四人《よにん》が四Ｓ《よんエス》※と呼《よ》ばれるようになったことはよく知《し》られています。また、植物《しょくぶつ》を愛《あい》し、東京《とうきょう》の自宅《じたく》の庭《にわ》を「雑草園《ざっそうえん》」と名付《なづ》けてさまざまな植物《しょくぶつ》を育《そだ》てました。スケールの大《おお》きい作品《さくひん》の中《なか》で、故郷《こきょう》のみちのくを詠《うた》ったものや、ヨーロッパ、アメリカを巡《めぐ》ったときつくった作品《さくひん》では独自《どくじ》の境地《きょうち》を開《ひら》きました。また、昭和四年《しょうわよねん》、俳誌《はいし》『夏草《なつくさ》』を創刊《そうかん》し東大《とうだい》をよりどころに多《おお》くの俳人《はいじん》を指導《しどう》しました。

祖母山《そぼさん》も傾山《かたむくさん》も夕立《ゆだち》かな

祖母山《そぼさん》も傾山《かたむくさん》も九州山地《きゅうしゅうさんち》の山《やま》。眺《なが》めているうちにみるみる空《そら》が暗《くら》くなって山《やま》では夕立《ゆうだち》が降《ふ》り出《だ》したようだ。「ゆだち」ということばのひびきが力強《ちからづよ》い。

季語《きご》＝夕立《ゆだち》〈夏《なつ》〉

水原秋櫻子《みずはらしゅうおうし》（一八九二～一九八一）

水原秋櫻子《みずはらしゅうおうし》（本名《ほんみょう》、豊《ゆたか》）は明治二十五年《めいじにじゅうごねん》、東京《とうきょう》の神田猿楽町《かんださるがくちょう》に生《う》まれました。医師《いし》を目指《めざ》して大学《だいがく》に通《かよ》っていたときに、高浜虚子《たかはまきょし》の『進《すす》むべき俳句《はいく》の道《みち》』を読《よ》んで俳句《はいく》をはじめました。やがて仲間《なかま》たちと東大俳句会《とうだいはいくかい》※を結成《けっせい》し、虚子《きょし》に師事《しじ》して、医業《いぎょう》のかたわら四Ｓ《よんエス》※の一人《ひとり》として俳句《はいく》に打《う》ち込《こ》みました。そして、三十八歳《さんじゅうはっさい》のときに刊行《かんこう》した第一句集《だいいちくしゅう》『葛飾《かつしか》』は、その美《うつく》しい叙情性《じょじょうせい》で大評判《だいひょうばん》となります。しかし客観写生《きゃっかんしゃせい》※をとなえる師《し》の虚子《きょし》は、理想的《りそうてき》な美《うつく》しい叙情《じょじょう》を求《もと》める秋櫻子《しゅうおうし》を認《みと》めませんでした。秋櫻子《しゅうおうし》は「『自然《しぜん》の真《しん》』と『文芸上《ぶんげいじょう》の真《しん》』」という一文《いちぶん》を発表《はっぴょう》して虚子《きょし》に反論《はんろん》し『ホトトギス』※を去《さ》って、俳誌《はいし》『馬酔木《あしび》』の主宰《しゅさい》となりました。主観的《しゅかんてき》な表現《ひょうげん》を取《と》り入《い》れ、新《あたら》しい俳句《はいく》を目指《めざ》した秋櫻子《しゅうおうし》のもとには加藤楸邨《かとうしゅうそん》や石田波郷《いしだはきょう》など多《おお》くの俳人《はいじん》たちが集《あつ》まったのです。

冬菊《ふゆぎく》のまとふ《う》はおのがひかりのみ

草花《くさばな》がすっかり枯《か》れてしまった中《なか》で咲《さ》いている菊《きく》。冬《ふゆ》の弱々《よわよわ》しい光《ひかり》の中《なか》では、菊《きく》そのものが光《ひかり》を発《はっ》しているように感《かん》じられる。けなげに生《い》きている植物《しょくぶつ》に寄《よ》せる思《おも》い。

季語《きご》＝冬菊《ふゆぎく》〈冬《ふゆ》〉

高野素十《たかのすじゅう》（一八九三〜一九七六）

高野素十《たかのすじゅう》（本名《ほんみょう》、與巳《よしみ》）は、明治《めいじ》二十六年《にじゅうろくねん》茨城県《いばらきけん》に生《う》まれました。職業《しょくぎょう》は医師《いし》でした。俳句《はいく》は、大学《だいがく》で知《し》りあった水原秋櫻子《みずはらしゅうおうし》にすすめられてはじめ、その後《ご》『ホトトギス』に投句《とうく》して高浜虚子《たかはまきょし》に師事《しじ》します。

素十《すじゅう》は、自分《じぶん》の感情《かんじょう》を決《けっ》して外《そと》に出《だ》さずに、見《み》たありのままを、見《み》たとおりにことばにする客観写生《きゃっかんしゃせい》※という方法《ほうほう》で、カメラのレンズになりきったように俳句《はいく》をつくりました。虚子《きょし》はそんな素十《すじゅう》を「句《く》に光《ひかり》がある」と評《ひょう》しました。それは虚子《きょし》がとなえた純粋《じゅんすい》な写生《しゃせい》の方法《ほうほう》でしたが、あまりに徹底《てってい》していたために、取《と》るに足《た》らないことを詠《よ》んでいる「瑣末主義《さまつしゅぎ》」とか、代表句《だいひょうく》「甘草《かんぞう》の芽《め》のとびとびのひとならび」から「草《くさ》の芽俳句《めはいく》※」などと批判《ひはん》されました。しかし、ことばによって存在《そんざい》そのものをリアルに描《えが》き出《だ》した功績《こうせき》は大《おお》きく、四《よん》S《エス》の一人《ひとり》として多《おお》くの秀句《しゅうく》を残《のこ》しています。

草の芽俳句《くさのめはいく》…とるに足《た》らないことを詠《よ》んだ俳句《はいく》。

ひつ《（っ）》ぱれる糸《いと》まつ《（っ）》すぐや甲虫《かぶとむし》

子《こ》どもたちが、逃《に》がさないようにかぶと虫《むし》に糸《いと》をつけて遊《あそ》んでいる。かぶと虫《むし》は力《ちから》持《も》ちだ。その力《ちから》の強《つよ》さが、糸《いと》がまっすぐに張《は》ったという描写《びょうしゃ》でよくわかる。

季語《きご》＝かぶと虫《むし》〈夏《なつ》〉

三橋鷹女《みつはしたかじょ》（一八九九〜一九七二）

三橋鷹女《みつはしたかじょ》（本名《ほんみょう》、たか子《こ》）は明治三十二年《めいじさんじゅうにねん》千葉県成田市《ちばけんなりたし》で生《うま》れました。短歌《たんか》に親《した》しんだ父《ちち》や兄《あに》の影響《えいきょう》で、十七歳《じゅうななさい》より若山牧水《わかやまぼくすい》や与謝野晶子《よさのあきこ》の作品《さくひん》を読《よ》んで短歌《たんか》をつくっていました。鷹女《たかじょ》に俳句《はいく》をすすめたのは俳人《はいじん》だった夫《おっと》、東剣三《あずまけんぞう》でした。鷹女《たかじょ》は原石鼎《はらせきてい》に師事《しじ》して剣三《けんぞう》とともに作句活動《さっくかつどう》をはじめましたが、やがて新興俳句《しんこうはいく》※の新《あたら》しい表現《ひょうげん》を取《と》り入《い》れ、口語《こうご》を使《つか》った独創的《どくそうてき》な作風《さくふう》で、その才能《さいのう》が認《みと》められるようになります。そして、当時活躍《とうじかつやく》していた中村汀女《なかむらていじょ》、星野立子《ほしのたつこ》、橋本多佳子《はしもとたかこ》とともに四T《よんティー》※と呼《よ》ばれるようになりました。

戦争中《せんそうちゅう》は一人息子《ひとりむすこ》の陽一《よういち》の出征《しゅっせい》を心配《しんぱい》する母情《ぼじょう》を描《えが》き、戦後《せんご》は孤高《ここう》な老《お》いを詠《よ》んで、多《おお》くの読者《どくしゃ》の心《こころ》をとらえました。自由《じゆう》な発想《はっそう》で、従来《じゅうらい》の俳句《はいく》の概念《がいねん》※にとらわれず大胆《だいたん》に表現《ひょうげん》した作品《さくひん》は、たいへん印象《いんしょう》の強《つよ》いものです。

概念《がいねん》…一般的《いっぱんてき》な考《かんが》えかた。

あたたかい雨《あめ》ですえんま蟋蟀《こおろぎ》です

雨《あめ》の中《なか》でえんま蟋蟀《こおろぎ》が鳴《な》いている。秋《あき》のはじめのころは雨《あめ》もあたたかい感《かん》じがする。夏《なつ》から秋《あき》への季節《きせつ》の移《うつ》り変《か》わりの微妙《びみょう》さをやさしい口語《こうご》のしらべで新鮮《しんせん》に表現《ひょうげん》した。

季語《きご》＝こおろぎ〈秋《あき》〉

橋本多佳子《はしもとたかこ》（一八九九～一九六三）

橋本多佳子《はしもとたかこ》（本名《ほんみょう》、多満《たま》）は、明治三十二年《めいじさんじゅうにねん》、東京《とうきょう》に生《う》まれました。十八歳《じゅうはっさい》のとき結婚《けっこん》して、福岡県小倉《ふくおかけんこくら》に移《うつ》り住《す》みました。夫《おっと》はここに洋風《ようふう》の館《やかた》を建《た》てて櫓《ろ》山荘《ざんそう》と名付《なづ》け、櫓山荘《ろざんそう》には多《おお》くの文人《ぶんじん》や芸術家《げいじゅつか》が訪《おとず》れるようになりました。

あるとき高浜虚子《たかはまきょし》もここに立《た》ち寄《よ》り、このことをきっかけに、多佳子《たかこ》は虚子《きょし》の弟子《でし》の杉田久女《すぎたひさじょ》に俳句《はいく》の手《て》ほどきを受《う》けるようになります。大阪《おおさか》に転居《てんきょ》してからは山口誓子《やまぐちせいし》に師事《しじ》して俳句《はいく》を続《つづ》けましたが、このころにはまだ、俳句《はいく》は夫《おっと》がすすめる教養《きょうよう》の一《ひと》つにすぎませんでした。しかし夫《おっと》が病死《びょうし》してからは、俳句《はいく》にも真剣《しんけん》に取《と》り組《く》むようになります。女性《じょせい》らしい感性《かんせい》の、力強《ちからづよ》い作風《さくふう》で、四T《よんティー》※の一人《ひとり》として活躍《かつやく》しました。五十一歳《ごじゅういっさい》のとき、俳誌《はいし》『七曜《しちよう》』を創刊《そうかん》し、女性俳人《じょせいはいじん》たちをリードした功績《こうせき》は大《おお》きなものでした。

いなびかり北《きた》よりすれば北《きた》をみる

ぱっといなびかりがした。はっとしてそれを見《み》つめた作者《さくしゃ》。ただそれだけの情景《じょうけい》だが、息《いき》を飲《の》むような一瞬《いっしゅん》をとらえている。するどい感性《かんせい》が感《かん》じられる。

季語《きご》＝いなびかり〈秋《あき》〉

阿波野青畝《あわのせいほ》（一八九九～一九九二）

阿波野青畝《あわのせいほ》（本名《ほんみょう》、敏雄《としお》）は明治三十二年《めいじさんじゅうにねん》、奈良県《ならけん》高市郡《たかいちぐん》に生《う》まれました。中学生《ちゅうがくせい》のとき、『ホトトギス』※を読《よ》んで興味《きょうみ》を持《も》ち俳句《はいく》をはじめました。幼《おさな》いころから耳《みみ》が不自由《ふじゆう》でしたが、『ホトトギス』の高浜虚子《たかはまきょし》はそんな青畝《せいほ》を励《はげ》ましました。しかし、若《わか》い青畝《せいほ》は主観《しゅかん》の強《つよ》い叙情的《じょじょうてき》な俳句《はいく》にひかれるようになり、やがて『ホトトギス』の客観写生《きゃっかんしゃせい》※に不満《ふまん》を持《も》つようになって虚子《きょし》に手紙《てがみ》を書《か》きます。その返事《へんじ》は「あなた自身《じしん》のためにもっと写生《しゃせい》※を勉強《べんきょう》しなさい」というものでした。青畝《せいほ》は虚子《きょし》にしたがって写生《しゃせい》の修練《しゅうれん》を積《つ》み、三十歳《さんじゅっさい》のとき、俳誌《はいし》『かつらぎ』を創刊《そうかん》し、四《よん》S《エス》※の一人《ひとり》として活躍《かつやく》するようになりました。自然《しぜん》を見《み》つめた写生的《しゃせいてき》な表現《ひょうげん》の作品《さくひん》を多《おお》く残《のこ》しましたが、晩年《ばんねん》はこっけい味《み》※のあるものや海外《かいがい》での作品《さくひん》をつくるなど、より自在《じざい》な作風《さくふう》を展開《てんかい》しました。九十三歳《きゅうじゅうさんさい》という長命《ちょうめい》でした。

こっけい味《み》…おもしろおかしい味《あじ》わい。

牡丹《ぼたん》百《ひゃく》二《に》百《ひゃく》三《さん》百《びゃく》門《もん》一《ひと》つ

晩春《ばんしゅん》から初夏《しょか》へ、牡丹《ぼたん》の花《はな》が咲《さ》き乱《みだ》れた庭園《ていえん》。夢《ゆめ》のような花園《はなぞの》とその外側《そとがわ》の世界《せかい》との境界《きょうかい》には、たった一《ひと》つの門《もん》があるだけだ。そのことがなにか不思議《ふしぎ》に思《おも》えてくる句《く》。

季語《きご》＝牡丹《ぼたん》〈夏《なつ》〉

川端茅舎《かわばたぼうしゃ》（一八九七～一九四一）

川端茅舎《かわばたぼうしゃ》（本名《ほんみょう》、信一《のぶかず》）は、明治《めいじ》三十年《さんじゅうねん》、東京《とうきょう》日《に》本橋《ほんばし》に生《う》まれました。父《ちち》は画家《がか》で俳句《はいく》もたしなんでいたので、茅舎《ぼうしゃ》も父《ちち》とともに句会《くかい》に出《で》るようになりました。兄《あに》は画家《がか》の川端龍子《かわばたりゅうし》で、茅舎《ぼうしゃ》も画家《がか》を目指《めざ》し、藤島武二《ふじしまたけじ》や、岸田劉生《きしだりゅうせい》に師事《しじ》していました。しかし、三十歳代《さんじゅっさいだい》に結核《けっかく》※と脊椎《せきつい》カリエス※をわずらったため、画家《がか》になることをあきらめ、俳句《はいく》に専念《せんねん》するようになりました。

俳句《はいく》の師《し》である高浜虚子《たかはまきょし》は、茅舎《ぼうしゃ》を「花鳥諷詠真《かちょうふうえいしん》骨頂漢《こっちょうかん》」（本物《ほんもの》の花鳥《かちょう》諷詠《ふうえい》を実践《じっせん》する人《ひと》）と称《しょう》しました。虚子《きょし》のとなえた花鳥諷詠《かちょうふうえい》を守《まも》りながら、巧《たく》みな比喩《ひゆ》や、仏教用語《ぶっきょうようご》を使《つか》ったすぐれた句《く》をつくったからです。

また露《つゆ》の句《く》が多《おお》いことから「露《つゆ》の茅舎《ぼうしゃ》」ともいわれました。しかし、病気《びょうき》はとうとうよくならず、四《よん》十五歳《じゅうごさい》でその生涯《しょうがい》を閉《と》じました。

結核《けっかく》…肺結核《はいけっかく》。結核菌《けっかくきん》によっておこる肺《はい》の感《かん》染症《せんしょう》で発熱《はつねつ》したり、喀血《かっけつ》をともなった咳《せき》がでたりします。このころはよい治療薬《ちりょうやく》がなかったため、結核《けっかく》で亡《な》くなる人《ひと》が多《おお》かったのです。

新涼《しんりょう》や白《しろ》きてのひらあしのうら

夏《なつ》が過《す》ぎていった。顔《かお》も体《からだ》も日焼《ひや》けしたが、てのひらとあしのうらは白《しろ》いままだ。そんなさりげない発見《はっけん》にも、ふと季節《きせつ》の移《うつ》り変《か》わりを感《かん》じる。

季語《きご》＝新涼《しんりょう》〈秋《あき》〉

中村汀女《なかむらていじょ》（一九〇〇〜一九八八）

中村《なかむら》汀女《ていじょ》（本名《ほんみょう》、破魔子《はまこ》）は明治《めいじ》三十三年《さんじゅうさんねん》に熊本市《くまもとし》で生《うま》れました。十八歳《じゅうはっさい》のとき、玄関《げんかん》の掃除中《そうじちゅう》に浮《う》かんだ一句《いっく》を地元《じもと》の新聞《しんぶん》に投句《とうく》したのが、俳句《はいく》をつくりはじめるきっかけでした。結婚《けっこん》して中断《ちゅうだん》したものの、杉田久女《すぎたひさじょ》に出会《であ》って再開《さいかい》し、高浜虚子《たかはまきょし》に師事《しじ》するようになりました。汀女《ていじょ》は大蔵省《おおくらしょう》につとめていた夫《おっと》の転勤《てんきん》で各地《かくち》を転々《てんてん》としました。その行《い》く先々《さきざき》での風土《ふうど》や子《こ》どもたちとの日常《にちじょう》は俳句《はいく》のよい素材《そざい》になったといえます。多佳子《たかこ》、鷹女《たかじょ》、立子《たつこ》とともに四T《よんティー》※と呼《よ》ばれ、とくに虚子《きょし》の娘《むすめ》の立子《たつこ》とは良《よ》きライバルでした。俳誌《はいし》『風花《かざはな》』を創刊《そうかん》し、新聞《しんぶん》や婦人雑誌《ふじんざっし》にも語《かた》りかけるような親《した》しみのある文章《ぶんしょう》を書《か》きました。

主婦《しゅふ》の立場《たちば》で生《い》き生《い》きと描《えが》いた作品《さくひん》は「台所俳句《だいどころはいく》」※と呼《よ》ばれたこともありますが、それまで俳句《はいく》に縁《えん》のなかった主婦《しゅふ》の間《あいだ》にも俳句《はいく》を広《ひろ》めました。

外《と》にも出《で》よ触《ふ》るるばかりに春《はる》の月《つき》

外《そと》に出《で》た作者《さくしゃ》は、春《はる》の夜空《よぞら》に、まるで手《て》がとどきそうに近々《ちかぢか》と見《み》える月《つき》におどろきをおぼえ、だれかに「外《そと》に出《で》ていらっしゃい」と呼《よ》びかけたくなったのだ。

季語《きご》＝春《はる》の月《つき》〈春《はる》〉

西東三鬼《さいとうさんき》（一九〇〇～一九六二）

西東三鬼《さいとうさんき》（本名《ほんみょう》、斎藤敬直《さいとうけいちょく》）は明治三十三年《めいじさんじゅうさんねん》、岡山県津山《おかやまけんつやま》に生《う》まれました。子《こ》どものときから文学《ぶんがく》に親《した》しみ、油絵《あぶらえ》、音楽《おんがく》、乗馬《じょうば》、ダンスなども得意《とくい》という多彩《たさい》な青年《せいねん》に育《そだ》ちました。

俳句《はいく》は、歯科医院《しかいいん》を開業《かいぎょう》している時《とき》に、患者《かんじゃ》にすすめられてはじめました。そして、きまった師《し》を持《も》たない自由《じゆう》な投句活動《とうくかつどう》をしているうちに、才能《さいのう》を認《みと》められ、新興俳句運動《しんこうはいくうんどう》※の中心的《ちゅうしんてき》な役割《やくわり》をになうようになります。仕事《しごと》でも一《いっ》か所《しょ》に落《お》ち着《つ》けない性分《しょうぶん》でしたが、俳句《はいく》でもつねに新《あたら》しさを目指《めざ》し、昭和十二年《しょうわじゅうにねん》には戦争《せんそう》を題材《だいざい》に無季俳句《むきはいく》※を発表《はっぴょう》し評判《ひょうばん》になりました。

しかし、新興俳句運動《しんこうはいくうんどう》を続《つづ》けるうちに京大俳句事件《きょうだいはいくじけん》※で検挙《けんきょ》され、俳句《はいく》をつくることを禁《きん》じられてしまいます。戦後《せんご》、俳句《はいく》を再開《さいかい》した三鬼《さんき》は、俳句《はいく》で人生《じんせい》の挫折感《ざせつかん》やむなしさを描《えが》きだしました。

京大俳句事件《きょうだいはいくじけん》…昭和十五年《しょうわじゅうごねん》、新興俳句運動《しんこうはいくうんどう》の中心《ちゅうしん》だった雑誌《ざっし》「京大俳句《きょうだいはいく》」の会員《かいいん》が治安維持法違反《ちあんいじほういはん》の疑《うたが》いで検挙《けんきょ》された事件《じけん》。

水枕《みずまくら》ガバリと寒《さむ》い海《うみ》がある

熱《ねつ》が高《たか》くて水枕《みずまくら》を当《あ》てて寝《ね》ている。頭《あたま》を動《うご》かすとガバリと音《おと》がした。とたんに作者《さくしゃ》の頭《あたま》の中《なか》には寒々《さむざむ》とした冬《ふゆ》の海《うみ》の景色《けしき》がひろがったのだ。

季語《きご》＝寒《さむ》し〈冬《ふゆ》〉

中村草田男《なかむらくさたお》（一九〇一〜一九八三）

中村草田男《なかむらくさたお》（本名《ほんみょう》、清一郎《せいいちろう》）は、明治三十四年《めいじさんじゅうよねん》外交官《がいこうかん》だった父《ちち》の任地《にんち》、中国《ちゅうごく》の廈門《あもい》に生《う》まれました。日本《にほん》に戻《もど》り、愛媛県松山市《えひめけんまつやまし》で中学高校時代《ちゅうがくこうこうじだい》を過《す》ごしたのち、東京《とうきょう》の大学《だいがく》でドイツ文学《ぶんがく》を学《まな》びました。はじめはニーチェやチェーホフなどの西欧《せいおう》の思想文学《しそうぶんがく》に親《した》しんでいましたが、斎藤茂吉《さいとうもきち》※の『朝《あさ》の蛍《ほたる》』という歌集《かしゅう》に出会《であ》って詩歌《しいか》に開眼《かいがん》します。そして花鳥諷詠《かちょうふうえい》※や客観写生《きゃっかんしゃせい》※をとなえる『ホトトギス』※の俳句《はいく》に共鳴《きょうめい》し、高浜虚子《たかはまきょし》に師事《しじ》しました。学校《がっこう》の教師《きょうし》をしながら『ホトトギス』でも活躍《かつやく》し、当時活発《とうじかっぱつ》だった新興《しんこう》俳句運動《はいくうんどう》※を批判《ひはん》しました。しかし『ホトトギス』の俳句《はいく》のありかたにも違和感《いわかん》をおぼえるようになってゆきます。

戦後《せんご》には俳誌《はいし》『萬緑《ばんりょく》』を創刊《そうかん》して、思想性《しそうせい》や社会性《しゃかいせい》を重《おも》んじ、人間愛《にんげんあい》に満《み》ちた力強《ちからづよ》い作風《さくふう》を目指《めざ》して人間探究派《にんげんたんきゅうは》※と呼《よ》ばれるようになりました。

斎藤茂吉《さいとうもきち》…（一八八二〜一九五三）明治生《めいじう》まれの代表的歌人《だいひょうてきかじん》。

玫瑰《はまなす》や今《いま》も沖《おき》には未来《みらい》あり

はまなすは海辺《うみべ》に咲《さ》く夏《なつ》の花《はな》。ばらに似《に》た鮮《あざ》やかな紅紫色《こうししょく》は真青《まっさお》な海原《うなばら》によく映《は》える。なんど挫折《ざせつ》しても、作者《さくしゃ》は海岸《かいがん》に立《た》ち、希望《きぼう》に満《み》ちてはるかな沖《おき》をながめる。

季語《きご》＝はまなす〈夏《なつ》〉

山口誓子《やまぐちせいし》（一九〇一〜一九九四）

山口誓子《やまぐちせいし》（本名《ほんみょう》、新比古《ちかひこ》）は、明治三十四年《めいじさんじゅうよねん》京都《きょうと》に生《うま》れ、祖父《そふ》につれられてサハリンで少年時代《しょうねんじだい》を過《す》ごしました。子《こ》どものころから俳句《はいく》に親《した》しみ、京都《きょうと》での高校生時代《こうこうせいじだい》には、あこがれていた日野草城《ひのそうじょう》※の指《し》導《どう》を受《う》け本格的《ほんかくてき》に俳句《はいく》をはじめるようになりました。俳誌《はいし》『ホトトギス』※に投句《とうく》するかたわら大学《だいがく》に進《すす》み、就職《しゅうしょく》しましたが病気《びょうき》のため退職《たいしょく》、俳句《はいく》に専念《せんねん》するようになります。歌人《かじん》の斎藤茂吉《さいとうもきち》※の影響《えいきょう》で連作《れんさく》※に関心《かんしん》を持《も》ち、俳句《はいく》でも、映画《えいが》のように構成《こうせい》された世界《せかい》を作《つく》り出《だ》せないかと試《こころ》みました。素材《そざい》もそれまでの花鳥風月《かちょうふうげつ》※から、都会《とかい》の人工的《じんこうてき》で無機質《むきしつ》なものにまで広《ひろ》げました。四S《よんエス》※の一人《ひとり》として活躍《かつやく》し、また新《しん》興俳句運動《こうはいくうんどう》※にも参加《さんか》しましたが、無季俳句《むきはいく》※は認《みと》めず、やがて運動《うんどう》から離《はな》れました。

戦後《せんご》、俳誌《はいし》『天狼《てんろう》』を創刊《そうかん》し、多《おお》くの俳人《はいじん》を育《そだ》てました。

日野草城《ひのそうじょう》…（一九〇一〜一九五六）俳人《はいじん》。
連作《れんさく》…同《おな》じ素材《そざい》などで一連《いちれん》の作品《さくひん》をつくる。
花鳥風月《かちょうふうげつ》…自然《しぜん》の美《うつく》しい景物《けいぶつ》。

海《うみ》に出《で》て木枯《こがらし》帰《かえ》るところなし

木枯《こがら》しはどこにいくのだろうと、作者《さくしゃ》は思《おも》いをはせたのだろう。作者《さくしゃ》の住《す》む町《まち》を吹《ふ》き抜《ぬ》け、山《やま》を越《こ》えて海《うみ》へ。木枯《こがら》しをいきもののように感《かん》じている作者《さくしゃ》だ。
季語《きご》＝木枯《こがら》し〈冬《ふゆ》〉

星野立子《ほしのたつこ》（一九〇三〜一九八四）

星野立子《ほしのたつこ》は明治三十六年《めいじさんじゅうろくねん》、高浜虚子《たかはまきょし》の次女《じじょ》として東京《とうきょう》に生《う》まれました。病気《びょうき》がちだったため、一家《いっか》は気候《きこう》の温暖《おんだん》な鎌倉《かまくら》に移《うつ》り、立子《たつこ》はそこで高等女学校《こうとうじょがっこう》まで学《まな》びました。そして、そのころの女性《じょせい》では珍《めずら》しく、父《ちち》に願《ねが》って大学《だいがく》まで進《すす》みました。俳句《はいく》は結婚《けっこん》してから虚子《きょし》のすすめではじめ、『ホトトギス』※の婦人《ふじん》句会《くかい》ではたちまちその才能《さいのう》を発揮《はっき》して、女性俳人《じょせいはいじん》の花形《はながた》として活躍《かつやく》しました。

主婦《しゅふ》としての生活《せいかつ》と俳句《はいく》を両立《りょうりつ》させることはむずかしいことでしたが、虚子《きょし》は立子《たつこ》の「自然《しぜん》の姿《すがた》を柔《やわ》らかい心持《こころもち》で受《う》け取《と》ったままに俳句《はいく》にする」という素直《すなお》な写生《しゃせい》の才能《さいのう》を見《み》こんで、昭和五年《しょうわごねん》、俳誌《はいし》『玉藻《たまも》』を創刊《そうかん》、主宰《しゅさい》させました。立子《たつこ》は当時《とうじ》二十七《にじゅうなな》歳《さい》、長女《ちょうじょ》を生《う》んだばかりでした。単純化《たんじゅんか》された透明《とうめい》感《かん》のある作風《さくふう》で、四T《よんティー》※の一人《ひとり》として女性俳人《じょせいはいじん》たちを息長《いきなが》く指導《しどう》し続《つづ》けました。

しんしんと寒《さむ》さがたのし歩《あゆ》みゆく

しんしんとした寒《さむ》さのなかを歩《ある》いている。背筋《せすじ》をぴんとのばし、顔《かお》を上《あ》げてゆく。美《うつく》しい季節《きせつ》の移《うつ》り変《か》わりを心《こころ》ゆくまでたのしんで、味《あじ》わうことができる作者《さくしゃ》。

季語《きご》＝寒《さむ》さ〈冬《ふゆ》〉

大野林火《おおのりんか》（一九〇四〜一九八二）

大野林火《おおのりんか》（本名《ほんみょう》、正《ただし》）は明治三十七年《めいじさんじゅうななねん》、横浜《よこはま》に生《う》まれました。文学好《ぶんがくず》きの少年《しょうねん》で、中学《ちゅうがく》のときは友人《ゆうじん》とともに、文学《ぶんがく》を語《かた》り小説《しょうせつ》を書《か》くのに熱中《ねっちゅう》するあまり、二人《ふたり》そろって落第《らくだい》したりしました。友人《ゆうじん》の父《ちち》に手《て》ほどきを受《う》けて俳句《はいく》を初《はじ》め、高等学校《こうとうがっこう》に進学《しんがく》すると、臼田亜浪《うすだあろう》※に師事《しじ》しました。亜浪《あろう》は花鳥諷詠《かちょうふうえい》※や客観写生《きゃっかんしゃせい》※をとなえる『ホトトギス』※の虚子《きょし》には反対《はんたい》する立場《たちば》をとっていました。林火《りんか》は東大《とうだい》を卒業《そつぎょう》したあと、商工実習学校《しょうこうじっしゅうがっこう》の教師《きょうし》をしながら、ハンセン病《びょう》※の患者《かんじゃ》の人《ひと》たちに俳句《はいく》を指導《しどう》するなどの活動《かつどう》をします。やがて世《よ》の中《なか》は戦争《せんそう》に向《む》かいましたが、林火《りんか》は、新興俳句運動《しんこうはいくうんどう》※という俳句《はいく》の革新運動《かくしんうんどう》をつよく批判《ひはん》し、戦争《せんそう》で亡《な》くなった教《おし》え子《ご》を悼《いた》む俳句《はいく》を詠《よ》みました。

戦後《せんご》は俳誌《はいし》『濱《はま》』を創刊《そうかん》し、多《おお》くの俳人《はいじん》を育《そだ》てながら虚子俳句《きょしはいく》の研究《けんきゅう》にも成果《せいか》をあげました。

臼田亜浪《うすだあろう》…（一八七九〜一九五一）俳人《はいじん》。

ハンセン病《びょう》…皮膚《ひふ》や神経《しんけい》をおかす病気《びょうき》。当時《とうじ》は治療法《ちりょうほう》もわからず、あやまった知識《ちしき》のため患者《かんじゃ》は隔離《かくり》されていました。

ねむりても旅《たび》の花火《はなび》の胸《むね》にひらく

作者《さくしゃ》は旅先《たびさき》で美《うつく》しい花火《はなび》を見《み》た。宿《やど》でねむりにつこうとすると、さきほど見《み》た花火《はなび》が、ありありと思《おも》い出《だ》される。目《め》を閉《と》じていてもまだ見《み》えてくるのだった。

季語《きご》＝花火《はなび》〈夏《なつ》〉

加藤楸邨《かとうしゅうそん》（一九〇五〜一九九三）

加藤楸邨《かとうしゅうそん》（本名《ほんみょう》、健雄《たけお》）は明治《めいじ》三十八年《さんじゅうはちねん》東京《とうきょう》に生《うま》れました。鉄道員《てつどういん》だった父《ちち》について、各地《かくち》に移《うつ》り住《す》みました。父《ちち》の病気《びょうき》のために進学《しんがく》をあきらめ、小学校《しょうがっこう》の代用教員《だいようきょういん》となりましたが、父《ちち》の死後《しご》には上京《じょうきょう》して高等師範学校《こうとうしはんがっこう》を卒業《そつぎょう》し、中学校《ちゅうがっこう》の教員《きょういん》となりました。俳句《はいく》をはじめたのはこのころで、俳誌《はいし》『馬酔木《あしび》』※に投句《とうく》し、水原秋櫻子《みずはらしゅうおうし》に師事《しじ》しました。

しかし、さらに学問《がくもん》を修《おさ》めたかった楸邨《しゅうそん》は三十二《さんじゅうに》歳《さい》で大学《だいがく》に入学《にゅうがく》し、『馬酔木《あしび》』の編集《へんしゅう》を手伝《てつだ》いながら、文学《ぶんがく》を学《まな》びました。そして、俳句《はいく》の短《みじか》い表現《ひょうげん》のなかで人間《にんげん》を描《えが》き、思想《しそう》を表《あらわ》そうとする俳人《はいじん》として、人間探求派《にんげんたんきゅうは》※といわれるようになりました。

三十五歳《さんじゅうごさい》で俳誌《はいし》『寒雷《かんらい》』を創刊《そうかん》して多《おお》くの俳人《はいじん》を育《そだ》て、また芭蕉《ばしょう》の研究《けんきゅう》でも大《おお》きな功績《こうせき》をのこしています。

しづ《ず》かなる力《ちから》満《み》ちゆき螇蚸《ばった》とぶ

小《ちい》さな体《からだ》にだんだんに力《ちから》がみなぎったかと思《おも》うとばったは飛《と》んだ。その一匹《いっぴき》のばったをじっと見《み》つめていた作者《さくしゃ》。俳人《はいじん》らしいまなざしだ。

季語《きご》＝ばった〈秋《あき》〉

松本《まつもと》たかし（一九〇六〜一九五六）

松本《まつもと》たかし（本名《ほんみょう》、孝《たかし》）は、明治三十九年《めいじさんじゅうきゅうねん》に東京《とうきょう》の神田《かんだ》に生《う》れました。代々宝生流《だいだいほうしょうりゅう》の能役者《のうやくしゃ》の家柄《いえがら》の長男《ちょうなん》であったために、幼《おさな》いころから能《のう》の稽古《けいこ》に励《はげ》みました。八歳《はっさい》には初舞台《はつぶたい》も踏《ふ》みましたが、病気《びょうき》がちの少年《しょうねん》だったため、能役者《のうやくしゃ》になることをあきらめ、のちには俳人《はいじん》として生《い》きることをこころざすようになります。

十四歳《じゅうよんさい》の時《とき》、病気療養《びょうきりょうよう》のために静岡県《しずおかけん》で過《す》ごしたことが、俳句《はいく》に親《した》しむきっかけでした。見舞《みま》いに来《き》た父《ちち》が、たまたま忘《わす》れていった『ホトトギス』※を読《よ》み、俳句《はいく》をつくりはじめたのです。やがて虚子《きょし》に師事《しじ》して『ホトトギス』に投句《とうく》をはじめ、最年少《さいねんしょう》の二十三歳《にじゅうさんさい》で同人《どうじん》※となりました。虚子《きょし》のとなえた花鳥風詠《かちょうふうえい》※や客観写生《きゃっかんしゃせい》※に忠実《ちゅうじつ》な、繊細《せんさい》で気品《きひん》ある作品《さくひん》をつくり続《つづ》けましたが、五十歳《ごじゅっさい》で病気《びょうき》がちだった生涯《しょうがい》を閉《と》じました。

同人《どうじん》…この場合《ばあい》、同《おな》じこころざしを持《も》つ仲間《なかま》で、主宰《しゅさい》からある程度《ていど》の実力《じつりょく》を認《みと》められた人《ひと》。

雪《ゆき》だるま星《ほし》のおしや《（や）》べりぺちや《（や）》くちや《（や）》と

昼間《ひるま》つくった雪《ゆき》だるまが、ぽつんと門《もん》の前《まえ》に立《た》っている。たくさんの星《ほし》が、まるでおしゃべりをしているようにまたたいている。雪《ゆき》だるまもおしゃべりしたいだろう。

季語《きご》＝雪《ゆき》だるま〈冬《ふゆ》〉

石田波郷《いしだはぎょう》（一九一三〜一九六九）

石田波郷《いしだはきょう》（本名《ほんみょう》、哲大《てつお》）は大正《たいしょう》二年《にねん》、愛媛県《えひめけん》の松山市《まつやまし》に生《う》まれました。松山《まつやま》は子規《しき》や虚子《きょし》などの故郷《こきょう》で俳句《はいく》の盛《さか》んな土地《とち》でした。波郷《はきょう》も中学《ちゅうがく》のとき同級生《どうきゅうせい》に誘《さそ》われて俳句《はいく》をはじめました。はじめは新聞《しんぶん》の俳句《はいく》欄《らん》に投句《とうく》していましたが、やがて五十崎古郷《いかざきこきょう》※の指導《しどう》を受《う》けるようになり、古郷《こきょう》の師《し》である水原秋櫻子《みずはらしゅうおうし》主宰《しゅさい》の『馬酔木《あしび》』に投句《とうく》するようになります。秋櫻子《しゅうおうし》をたよって上京《じょうきょう》したのは十九歳《じゅうきゅうさい》のときでした。都会的《とかいてき》で、叙情性《じょじょうせい》※の濃《こ》い作品《さくひん》を次々《つぎつぎ》に生《う》み出《だ》し、三十代《さんじゅうだい》で俳誌《はいし》『鶴《つる》』を創刊《そうかん》します。そして、俳句《はいく》は文学《ぶんがく》ではないといい切《き》り、他《た》の文学《ぶんがく》とはちがう俳句独自《はいくどくじ》の世界《せかい》があり、方法《ほうほう》があると主張《しゅちょう》しました。

戦地《せんち》で結核《けっかく》※にかかったため入退院《にゅうたいいん》を繰《く》り返《かえ》しましたが、病床《びょうしょう》でも人間《にんげん》の生《せい》を見《み》つめた格調高《かくちょうたか》い俳句《はいく》をつくり続《つづ》け、人間探究派《にんげんたんきゅうは》※と呼《よ》ばれるようになりました。

五十崎古郷《いかざきこきょう》…（一八九六〜一九三五）俳人《はいじん》。
叙情性《じょじょうせい》…感動《かんどう》や情緒《じょうちょ》を表現《ひょうげん》する傾向《けいこう》。

雀《すずめ》らも海《うみ》かけて飛《と》べ吹流《ふきなが》し

五月《ごがつ》の空《そら》にこいのぼりが上《あ》がっている。吹《ふ》き流《なが》しも風《かぜ》に勢《いきお》いよくなびいでいる。「五月《ごがつ》の風《かぜ》に乗《の》って、雀《すずめ》たちも元気《げんき》に海《うみ》に向《む》かって飛《と》べ」と作者《さくしゃ》は呼《よ》びかけている。
季語《きご》＝吹流《ふきなが》し〈夏《なつ》〉

二十四節気《にじゅうしせっき》とは

昔《むかし》、日本《にっぽん》では、月《つき》の満《み》ち欠《か》けで暦《こよみ》（太陰暦《たいいんれき》）をつくっていました。けれども、それでは暦《こよみ》の日付《ひづ》けと季節《きせつ》が一致《いっち》せず、農作業《のうさぎょう》などにはたいへん不便《ふべん》でした。その欠点《けってん》を補《おぎな》うため、太陽《たいよう》の動《うご》きを計算《けいさん》に入《い》れて改良《かいりょう》された新《あたら》しい暦《こよみ》（太陰太陽暦《たいいんたいようれき》＝旧暦《きゅうれき》のこと）がつくられました。さらに、季節《きせつ》の移《うつ》り変《か》わりをわかりやすくするために、太陽《たいよう》の運行《うんこう》にあわせて一年《いちねん》を二十四等分《にじゅうよんとうぶん》し、その時々《ときどき》の時候《じこう》や現象《げんしょう》の特徴《とくちょう》を表《あらわ》す名《な》まえをつけました。これを二十四節気《にじゅうしせっき》といいます。

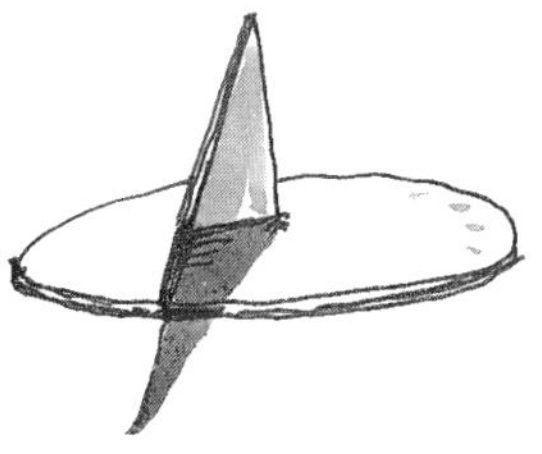

立春《りっしゅん》　二月四日《にがつよっか》ごろ

立春《りっしゅん》は、春《はる》のはじまりでもあり、旧暦《きゅうれき》では一月《いちがつ》の節気《せっき》なので一《いち》年《ねん》のはじまりともされていました。

雨水《うすい》　二月十九日《にがつじゅうくにち》ごろ

雪《ゆき》や氷《こおり》が解《と》けて雨《あめ》となり、田《た》や畑《はたけ》をうるおすころなので雨水《うすい》と名《な》づけられました。農耕《のうこう》の準備《じゅんび》をはじめる目安《めやす》の日《ひ》とされています。

啓蟄《けいちつ》　三月六日《さんがつむいか》ごろ

大地《だいち》も暖《あたた》まり、冬《ふゆ》の間《あいだ》地中《ちちゅう》にひそんでいた虫《むし》がはい出《だ》してくるころとされています。木々《きぎ》の芽吹《めぶ》きがはじまるころです。

春分《しゅんぶん》　三月二十一日《さんがつにじゅういちにち》ごろ

昼《ひる》と夜《よる》の長《なが》さがほぼ等《ひと》しくなり、この日《ひ》から夜《よる》より昼《ひる》のほうが長《なが》くなってゆきます。春《はる》らしい陽気《ようき》になり桜《さくら》も咲《さ》きはじめます。

清明《せいめい》　四月五日《しがついつか》ごろ

清浄明潔《せいじょうめいけつ》という言葉《ことば》を略《りゃく》して清明《せいめい》と名《な》づけられました。花々《はなばな》がきそうように咲《さ》き、天《てん》はますます明《あか》るくすがすがしさをますころです。

穀雨《こくう》　四月二十日《しがつはつか》ごろ

百穀春雨《ひゃっこくしゅんう》といわれるように、温《あたた》かい雨《あめ》が穀物《こくもつ》の芽《め》の発育《はついく》をうながす時期《じき》です。

立夏《りっか》

五月六日《ごがつむいか》ごろ

この日《ひ》からいよいよ夏《なつ》に入《はい》ります。野山《のやま》は新緑《しんりょく》にいろどられ、北国《きたぐに》ではそろそろ桜《さくら》が満開《まんかい》になるころです。

小満《しょうまん》

五月二十一日《ごがつにじゅういちにち》ごろ

夏《なつ》の気《き》がさかんになり、万物《ばんぶつ》が成長《せいちょう》して天地《てんち》に満《み》ちるという意味《いみ》から小満《しょうまん》と名《な》づけられました。南国《なんごく》では、走《はし》り梅雨《づゆ》が見《み》られます。

芒種《ぼうしゅ》

六月六日《ろくがつむいか》ごろ

「芒《ぼう》」はイネ科《か》の植物《しょくぶつ》の穂《ほ》についているとげのことで、のぎと呼《よ》びます。稲《いね》などののぎを持《も》った穀物《こくもつ》の種《たね》をまく時期《じき》という意味《いみ》で、芒種《ぼうしゅ》と名付《なづ》けられました。

夏至《げし》

六月二十二日《ろくがつにじゅうににち》ごろ

一年《いちねん》でもっとも日《ひ》が長《なが》い日《ひ》です。しかし梅雨《つゆ》なので晴《は》れ渡《わた》ることは少《すく》なく、この日《ひ》に降《ふ》る雨《あめ》を俳句《はいく》では夏至《げし》の雨《あめ》と呼《よ》びます。

小暑《しょうしょ》

七月八日《しちがつようか》ごろ

この日《ひ》から暑《しょ》に入《はい》り、暑《あつ》さが本格的《ほんかくてき》になります。

大暑《たいしょ》

七月二十三日《しちがつにじゅうさんにち》ごろ

夏《なつ》の豊《ゆた》かさが充満《じゅうまん》すると同時《どうじ》に、人《ひと》にも動植物《どうしょくぶつ》にとっても暑《あつ》さは厳《きび》しいものとなってきます。

立秋《りっしゅう》　八月《はちがつ》八日《ようか》ごろ

秋《あき》のはじまりを意味《いみ》します。まだきびしい暑《あつ》さが続《つづ》きますが、こおろぎなどの声《こえ》をきくこともあり、風《かぜ》には秋《あき》の気配《けはい》がします。

処暑《しょしょ》　八月《はちがつ》二十四日《にじゅうよっか》ごろ

「処《しょ》」にはとどまるという意味《いみ》があり、暑《あつ》さがおさまることです。まだ暑《あつ》いのですが、朝夕《あさゆう》は涼《すず》しさも感《かん》じられます。

白露《はくろ》　九月《くがつ》八日《ようか》ごろ

このころから大気《たいき》が冷《ひ》えてきて、草木《くさき》に露《つゆ》がおりているのが見《み》られるようになります。露《つゆ》が光《ひか》って白《しろ》く見《み》えるので白露《はくろ》といいます。

秋分《しゅうぶん》　九月《くがつ》二十三日《にじゅうさんにち》ごろ

春分《しゅんぶん》と同《おな》じように、昼《ひる》と夜《よる》の長《なが》さがほぼ同《おな》じになる日《ひ》です。このあとからしだいに夜《よる》のほうが長《なが》くなり、夜長《よなが》となります。

寒露《かんろ》　十月九日《じゅうがつここのか》ごろ

露《つゆ》が霜《しも》になるというような意味《いみ》で、この前後《ぜんご》からさわやかに晴《は》れ渡《わた》る日《ひ》が多《おお》くなり、すごしやすい気候《きこう》になります。北海道《ほっかいどう》では初《はつ》氷《ごおり》が観測《かんそく》されるころです。

霜降《そうこう》　十月《じゅうがつ》二十三日《にじゅうさんにち》ごろ

関東《かんとう》で初霜《はつしも》がおりるのがこのころです。草木《くさき》も枯《か》れ、寒《さむ》さが増《ま》してきます。北海道《ほっかいどう》では雪《ゆき》が降《ふ》りはじめます。

立冬《りっとう》　十一月八日《じゅういちがつようか》ごろ

この日《ひ》から冬《ふゆ》に入《はい》ります。いよいよ日《ひ》ざしも弱《よわ》まり、冬支度《ふゆじたく》に忙《いそが》しくなってきます。

小雪《しょうせつ》　十一月二十三日《じゅういちがつにじゅうさんにち》ごろ

まだ雪《ゆき》がたくさん降《ふ》るほどではない、というような意味《いみ》です。北国《きたぐに》では降《ふ》っていても、それ以外《いがい》の地方《ちほう》ではちらつく程度《ていど》とか、初雪《はつゆき》もまだ、という時期《じき》です。

大雪《たいせつ》　十二月八日《じゅうにがつようか》ごろ

北国《きたぐに》以外《いがい》でも雪《ゆき》がふるようになり、北国《きたぐに》は本格的《ほんかくてき》に雪《ゆき》が積《つも》ります。

冬至《とうじ》　十二月二十二日《じゅうにがつにじゅうににち》ごろ

昼《ひる》の長《なが》さがもっとも短《みじか》い日《ひ》で、この日《ひ》を境《さかい》に昼《ひる》が少《すこ》しずつ長《なが》くなります。きびしい寒《さむ》さにそなえるために、冬至粥《とうじがゆ》や冬至南瓜《とうじかぼちゃ》を食《た》べて栄養《えいよう》をつけます。

小寒《しょうかん》　一月六日《いちがつむいか》ごろ

この日《ひ》から寒《かん》に入《はい》ります。寒《かん》というのは二十四節季《にじゅうしせっき》でもっとも寒《さむ》さの厳《きび》しい期間《きかん》のことで、立春前《りっしゅんまえ》までの約三十日間《やくさんじゅうにちかん》をいいます。

大寒《だいかん》　一月二十日《いちがつはつか》ごろ

寒中《かんちゅう》でもさらに冷《ひ》え込《こ》む日《ひ》で、非常《ひじょう》に寒《さむ》い、という意味《いみ》です。

俳句《はいく》のつくりかた

俳句《はいく》とは五《ご》・七《しち》・五音《ごおん》のしらべをもった十七音《じゅうななおん》の定型詩《ていけいし》で、季語《きご》を詠《よ》みこむことをきまりとしています。日本《にっぽん》では、長歌《ちょうか》、短歌《たんか》、漢詩《かんし》、連歌《れんが》などいろいろな定型詩《ていけいし》がつくられてきました。俳句《はいく》はその中《なか》でも最《もっと》も短《みじか》い詩《し》です。古典《こてん》に連《つら》なる詩《し》なので、古《ふる》いことばや昔《むかし》のかなづかいを使《つか》うこともありますが、自分《じぶん》でつくったり読《よ》んだりしているうちに、その味《あじ》わいも分《わ》かってくるでしょう。最初《さいしょ》はまず自分《じぶん》のことばでつくってみることです。

俳句《はいく》の基本《きほん》

(1) 五七五《ごしちご》のリズム

俳句《はいく》は五七五《ごしちご》の音数《おんすう》の組《く》み合《あ》わせでリズムをつくります。日本語《にほんご》では五音《ごおん》と七音《しちおん》の組《く》みあわせが読《よ》んでこころよく、覚《おぼ》えやすい音数《おんすう》なのです。「飛《と》び出《だ》すな車《くるま》は急《きゅう》に止《と》まれない」や「こころに残《のこ》る贈《おく》り物《もの》」というふうに、標語《ひょうご》やコマーシャルにも使《つか》われています。

(2) 季語《きご》

俳句《はいく》の中《なか》で使《つか》われる、季節《きせつ》を表《あらわ》すことばを季語《きご》といいます。季語《きご》には、千年《せんねん》以上前《いじょうまえ》の和歌《わか》に使《つか》われたことばや昔《むかし》の中国《ちゅうごく》から伝《つた》わったことばもあります。季語《きご》をまとめた「歳時記《さいじき》」には、四季《しき》折々《おりおり》の雨《あめ》や風《かぜ》、花《はな》、虫《むし》、魚《さかな》、食《た》べ物《もの》、祭《まつり》などの行事《ぎょうじ》が紹介《しょうかい》されているので、季語《きご》を通《とお》して、四季《しき》のめぐりの中《なか》で日本人《にほんじん》がどのように暮《く》らしてきたかを知《し》ることもできます。

俳句《はいく》のつくりかた

実際《じっさい》に俳句《はいく》をつくってみましょう。いったい何《なに》を詠《よ》んだらいい

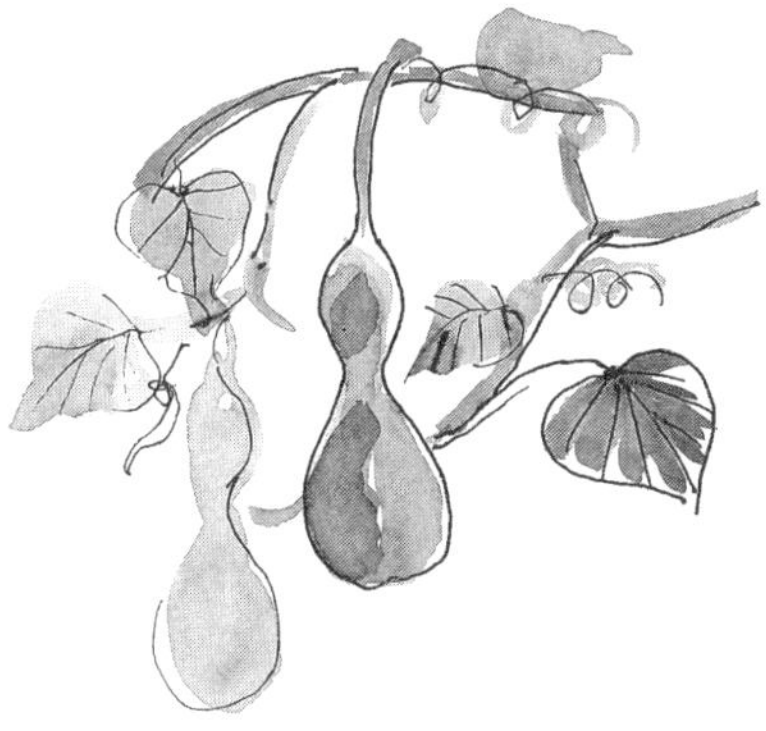

の、という人《ひと》も安心《あんしん》してください。何《なに》もいいたいことがなくても俳《はい》句《く》ははじめられるのです。

（1）自然《しぜん》を見《み》つめる心《こころ》

あなたは虫《むし》は好《す》きですか。もしそうだったら、

翅《はね》わつ《（っ）》ててんたう《と》虫《むし》の飛《と》びいづる　高野素十《たかのすじゅう》

こういう句《く》はどうでしょう。天道虫《てんとうむし》は外側《そとがわ》の、模様《もよう》のある翅《はね》を開《ひら》き、内側《うちがわ》の柔《やわ》らかい翅《はね》を伸《の》ばして飛《と》び立《た》ちます。「翅《はね》わつ《（っ）》て」がリアルです。動《うご》きを止《と》め、外側《そとがわ》の翅《はね》を開《ひら》いてから飛《と》ぶまでに、一瞬《いっしゅん》の間《ま》があるのです。

花《はな》の好《す》きな人《ひと》には、こんな句《く》がおすすめです。

チューリップ花《はな》びら外《はず》れかけてを《お》り　波多野爽波《はたのそうは》

散《ち》る間際《まぎわ》のチューリップです。大《おお》きな花《はな》びらの一枚《いちまい》が外側《そとがわ》に傾《かたむ》いて、今《いま》にもはずれそうです。チューリップの花《はな》びらがただ落《お》ちるのではなく、「はずれる」といったところにおもしろさがあります。

虫《むし》や花《はな》ばかりでなく、星《ほし》や雲《くも》、山《やま》、海《うみ》、川《かわ》など、どんなときでも自然《しぜん》は私《わたし》たちを取《と》り巻《ま》いています。俳句《はいく》をつくるのに必要《ひつよう》なのは、その自然《しぜん》を見《み》つめる心《こころ》です。自分《じぶん》の好《す》きなものをよく見《み》てみましょう。そうすれば、そのものがいちばんそのものらしい姿《すがた》をあらわす瞬間《しゅんかん》を、きっととらえることができるでしょう。

（2）季語《きご》に思《おも》いを込《こ》める

人《ひと》にはいろいろな思《おも》いがあります。思《おも》い切《き》り遊《あそ》んで楽《たの》しかったこと、努力《どりょく》が認《みと》められてうれしかったこと、美《うつく》しいものを見《み》て何《なん》だかわくわくしたこと…。みな大切《たいせつ》な思《おも》いです。もちろんいいことばかりではありません。叱《しか》られてつらかったこと、友達《ともだち》が転校《てんこう》してさびしかったこと、自分《じぶん》の言《い》いたいことを分《わ》かってもらえなくて悔《くや》しかったこと…。これらも、人《ひと》が生《い》きていく上《うえ》で避《さ》けることのできない、かけがえのない思《おも》いです。

俳句《はいく》では、こんな思《おも》いを直接《ちょくせつ》に詠《よ》むことはありません。短《みじか》い俳句《はいく》の中《なか》で「うれしい」「悲《かな》しい」と詠《うた》っても、あなたの思《おも》いの深《ふか》さはなかなか伝《つた》わりません。

でも俳句《はいく》には季語《きご》があります。「お正月《しょうがつ》」といえば、あらたまって背筋《せすじ》の伸《の》びるような思《おも》いが感《かん》じられ、「桜《さくら》」といえば春《はる》の浮《う》き浮《う》きと

した思《おも》いが感《かん》じられます。季語《きご》には、和歌《わか》の時代《じだい》から積《つ》み上《あ》げられてきた日本人《にほんじん》の心情《しんじょう》が織《お》り込《こ》まれているのです。短《みじか》いけれどさまざまなイメージの広《ひろ》がりを持《も》つ季語《きご》を使《つか》うことによって、俳句《はいく》は深《ふか》い思《おも》いを伝《つた》えることができます。

我《われ》に返《かえ》り見直《みなお》す隅《すみ》に寒菊《かんぎく》赤《あか》し　中村汀女《なかむらていじょ》

ある思《おも》いにふけっていた作者《さくしゃ》が、ちらりと見《み》えた赤《あか》い色《いろ》に、ふと我《われ》に返《かえ》り、現実《げんじつ》へと呼《よ》び戻《もど》されました。あの赤《あか》い色《いろ》は何《なん》だったのかな、と見直《みなお》したのは冬《ふゆ》の菊《きく》でした。詠《よ》まれているのはこのような事《じ》実《じつ》だけで、どんな思《おも》いが作者《さくしゃ》の胸《むね》にあったのか、はっきりとはわかりません。でも冬《ふゆ》の寒《さむ》さに耐《た》えて咲《さ》く菊《きく》、しかも赤《あか》い菊《きく》、という映《えい》像《ぞう》からは、きっぱりとした決意《けつい》のようなものを読《よ》み取《と》ることができるでしょう。

あなたがつらかったときの空《そら》の色《いろ》を思《おも》い出《だ》してください。春《はる》の穏《おだ》やかに薄《うす》く曇《くも》った空《そら》だったでしょうか。夏《なつ》の濃《こ》い色《いろ》の空《そら》だったでしょうか。深《ふか》い秋《あき》の空《そら》、寒々《さむざむ》とした冬《ふゆ》の空《そら》に、人《ひと》はそれぞれ思《おも》いを重《かさ》ねてきました。たとえ都会《とかい》に住《す》んでいても空《そら》や風《かぜ》はいつもまわりにあります。「寒《さむ》い」「暑《あつ》い」もりっぱな季語《きご》です。季語《きご》に新《あたら》しい光《ひかり》を

当《あ》て、今《いま》までにない使《つか》い方《かた》を発見《はっけん》するのはあなたかもしれません。

（3）身近《みぢか》な季語《きご》から

「運動会《うんどうかい》」や「夏休《なつやす》み」も季語《きご》です。その季語《きご》の季節感《きせつかん》を生《い》かすためには、運動会《うんどうかい》なら運動会《うんどうかい》らしい情景《じょうけい》を詠《よ》んでみましょう。

運動会《うんどうかい》走《はし》る姿《すがた》のかたむいて
好《す》きな人《ひと》運動会《うんどうかい》も一等賞《いっとうしょう》
運動会《うんどうかい》同《おな》じ空《そら》へと飛《と》び出《だ》して

とにかく五七五《ごしちご》でたくさんつくることが大事《だいじ》です。「運動会《うんどうかい》」は六音《ろくおん》で字余《じあま》りが気《き》になりますが、五音《ごおん》と思《おも》って使《つか》ってもかまいません。運動会《うんどうかい》のときに見《み》かけたこと、感《かん》じたことを思《おも》い出《だ》しながら、連想《れんそう》を広《ひろ》げ、五七五《ごしちご》の形《かたち》につくっていきます。少《すく》なくとも一《ひと》つの季語《きご》で五、六句《ろっく》はつくってから、次《つぎ》の季語《きご》に挑戦《ちょうせん》してみましょう。

（4）それでも俳句《はいく》ができなかったら

それでも俳句《はいく》がつくりにくいというあなたは、平凡《へいぼん》な連想《れんそう》ではあき足《た》らない、ことばに敏感《びんかん》な人《ひと》かもしれません。何《なに》かいいたいこと

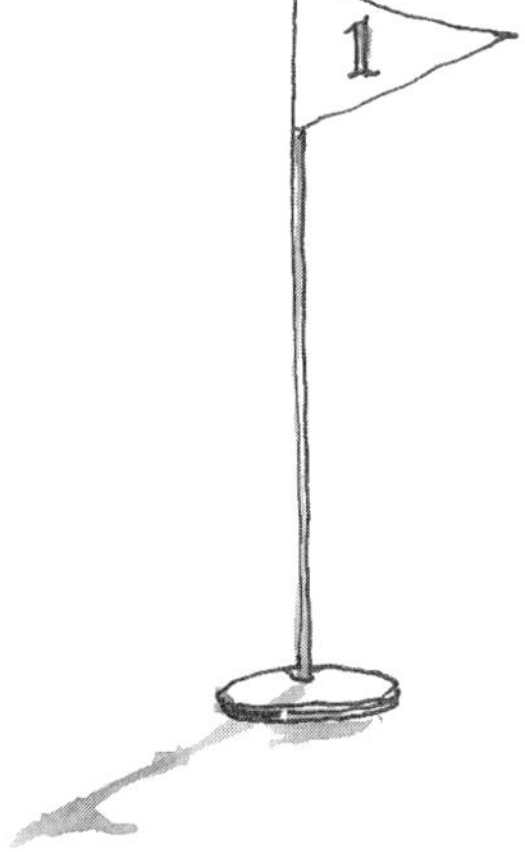

があるときは、それにふさわしい季語《きご》を取《と》り合《あ》わせる方法《ほうほう》があります。

春風《はるかぜ》や闘志《とうし》いだきて丘《おか》に立《た》つ　高浜虚子《たかはまきょし》

やってやるぞ、と思《おも》って丘《おか》に立《た》っている作者《さくしゃ》に春風《はるかぜ》が吹《ふ》いてきます。まだ冷《つめ》たさの残《のこ》る風《かぜ》でしょうか。これから万物《ばんぶつ》を成長《せいちょう》に導《みちび》く、希望《きぼう》のような風《かぜ》でしょうか。丘《おか》に立《た》てば、他《ほか》にいくらでも季語《きご》になるものは見《み》えたはずです。その中《なか》で作者《さくしゃ》は「春風《はるかぜ》」を選《えら》びました。

自分《じぶん》の思《おも》いを「五七《ごしち》」か「七五《しちご》」の形《かたち》に述《の》べて、それにふさわしい季語《きご》を歳時記《さいじき》で探《さが》せばいいのです。そうしてつくっているうちに季語《きご》を覚《おぼ》え、季語《きご》から発想《はっそう》する俳句《はいく》もつくれるようになるでしょう。

(5) 切《き》れ字《じ》

歳時記《さいじき》の例句《れいく》をみると、「○○や」「○○かな」「○○けり」といういい方《かた》に気《き》づきます。この「や」「かな」「けり」が代表的《だいひょうてき》な切《き》れ字《じ》です。一句《いっく》の中《なか》でとくに大切《たいせつ》なことばを目立《めだ》たせ、リズムに弾《はず》みをつけるために使《つか》われます。名詞《めいし》を強調《きょうちょう》したいときは主《おも》に「や」と「かな」が、動詞《どうし》を強調《きょうちょう》したいときは主《おも》に「けり」が使《つか》われます。

説明《せつめい》すると難《むずか》しそうですが、昔《むかし》の人《ひと》のすぐれた俳句《はいく》をたくさん読《よ》ん

でいるうちに、自然《しぜん》と使《つか》い方《かた》が分《わ》かるものです。俳句《はいく》になれてきたら、ぜひ使《つか》ってみてください。

より良《よ》い俳句《はいく》に仕上《しあ》げる

ひとまずできた俳句《はいく》をさらに直《なお》すことを推《すい》こうといいます。いくつかヒントをあげておきます。自分《じぶん》で直《なお》してみましょう。

○五七五《ごしちご》にぴたりとはまっていますか。
○「楽《たの》しいな」「がんばろう」などの直接的《ちょくせつてき》なことばがなくても、気《き》持《もち》が伝《つた》わるようにできていますか。
○読《よ》む人《ひと》にわかりやすいことばの順番《じゅんばん》になっていますか。
○どこかで聞《き》いたようないいまわしが使《つか》われていませんか。（自分《じぶん》のことばで）
○季語《きご》が二《ふた》つ入《はい》っていませんか。（一句《いっく》のポイントは一《ひと》つに）

そして最後《さいご》に、声《こえ》に出《だ》して何度《なんど》か読《よ》んでみてください。上《うえ》の五音《ごおん》と下《した》の五音《ごおん》を入《い》れ替《か》えるだけで、一句《いっく》がぐっと良《よ》くなるかもしれません。声《こえ》に出《だ》して読《よ》むとことばの響《ひび》きがよく分《わ》かるのです。いつか自分《じぶん》らしい句《く》が生《う》まれることをめざして、まずは一句《いっく》つくってみましょう。

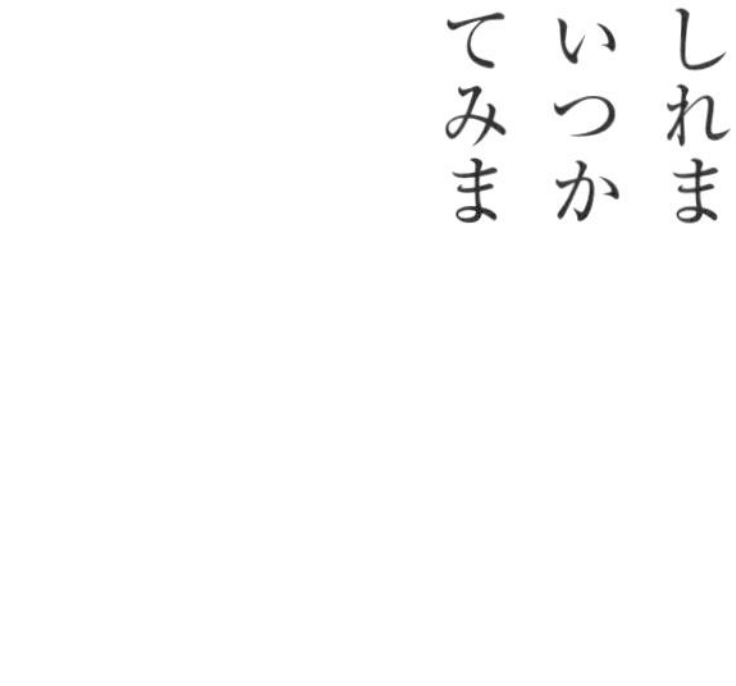

俳句《はいく》はじめの一歩《いっぽ》

身近《みぢか》なところで季語《きご》を見《み》つけて俳句《はいく》をつくろう

〝俳句《はいく》はじめの一歩《いっぽ》〟は、俳句《はいく》に親《した》しむ第一歩《だいいっぽ》です。身近《みぢか》な場所《ばしょ》で、日常《にちじょう》の暮《く》らしの中《なか》にある季節《きせつ》を表《あらわ》すことば〈季語《きご》〉を探《さが》して歩《ある》き、その場《ば》で俳句《はいく》をつくるという、とても簡単《かんたん》な方法《ほうほう》です。

ここでは、小学校《しょうがっこう》の校庭《こうてい》で、季節《きせつ》のことばを探《さが》して俳句《はいく》をつくってみようと子《こ》どもたちに呼《よ》びかけました。

企画取材／福田一美　協力／東京都三鷹市立北野小学校

◆季節《きせつ》のことば――季語《きご》

冬休《ふゆやす》みを二週間後《にしゅうかんご》に控《ひか》えた冬《ふゆ》の午後《ごご》、小学校《しょうがっこう》の校庭《こうてい》で季節《きせつ》のことばを探《さが》そうという呼《よ》びかけに、五年生《ごねんせい》の八人《はちにん》が集《あつ》まりました。

「俳句《はいく》って聞《き》いたことある。でも、つくったことはないや」

ランドセルを朝礼台《ちょうれいだい》の上《うえ》に置《お》き、廻《まわ》りを囲《かこ》んだ八《やっ》つの頭《あたま》が子《こ》どもの俳句《はいく》を紹介《しょうかい》した本《ほん》※をのぞきこみます。

「ダイコンって、冬《ふゆ》のことばだってえ」

「わかる、わかる。ヤキイモは冬《ふゆ》だ」

「え、ナワトビも冬《ふゆ》!?」

「ねえ、ねえ。早《はや》く季語《きご》を探《さが》しに行《い》こうよ」

季語《きご》カード※を手渡《てわた》された八人《はちにん》は二《ふた》グループに分《わ》かれます。季語《きご》カードには前《まえ》もって校庭内《こうていない》を下調《したしら》べして確認《かくにん》しておいた冬《ふゆ》の季語《きご》が書《か》かれています。

子《こ》どもたちはマフラーや帽子《ぼうし》を取《と》り、中《なか》には上着《うわぎ》を脱《ぬ》ぐ子《こ》もいてやる気満々《きまんまん》です。足下《あしもと》に青《あお》い手袋《てぶくろ》が落《お》ちました。

「あ、見《み》つけた。手袋《てぶくろ》も冬《ふゆ》の季語《きご》だ!」

見《み》つけた季語《きご》には○をつけます。

◆指導される方へ

事前《じぜん》にコースの下見《したみ》をする

公園《こうえん》など、季語《きご》を探《さが》す範囲《はんい》を実際《じっさい》に歩《ある》いてみて、どんな季語《きご》が見《み》つけられるかを事前《じぜん》に確認《かくにん》します。子《こ》どもの興味《きょうみ》をひきそうな季語《きご》を中心《ちゅうしん》にメモをとり、季語《きご》カードをつくります。所要時間《しょようじかん》も確認《かくにん》しておきます。

季語《きご》カードを準備《じゅんび》する

カードは、五枚一組《ごまいひとくみ》が適当《てきとう》です。動物《どうぶつ》、植物《しょくぶつ》、行事《ぎょうじ》などの項目《こうもく》に分《わ》けて、コースの下見《したみ》で確認《かくにん》した季語《きご》の中《なか》から四《よっ》つほど選《えら》んで記入《きにゅう》します。

四《し》〜五人《ごにん》ずつのグループに季語《きご》カードを一組《ひとくみ》渡《わた》します。首《くび》にかけられるようにリボンなどを通《とお》しておくと便利《べんり》です。

大きさは20×20センチくらい

◆探《さが》し物《もの》は何《なん》ですか？

子《こ》どもたちはカードに書《か》かれた季語《きご》を探《さが》しながら、校舎《こうしゃ》の裏手《うらて》にまわります。給食室《きゅうしょくしつ》の裏側《うらがわ》にはヘチマとキウイフルーツの棚《たな》があります。ひからびたヘチマの実《み》がひとつ、垂《た》れ下《さ》がっています。コンクリート塀《べい》にはひし形《がた》の風抜《かぜぬ》き穴《あな》がありました。そこからのぞいた世界《せかい》は、まるで別世界《べっせかい》のように見《み》えます。

へいの外《そと》落《お》ち葉《ば》たくさん落《お》ちている　麻美《あさみ》
顔出《かおだ》したヒイラギの花《はな》きれいだな　亜耶《あや》
冬晴《ふゆは》れてネコもおもてに出《で》てくるよ　眞一郎《しんいちろう》

学校《がっこう》の隣《とな》りは、農家《のうか》の庭《にわ》です。くすんだ色《いろ》の柿《かき》の実《み》、さざんかの淡《あわ》い紅色《べにいろ》の花《はな》、たわわに実《みの》ったただいだいの木《き》……ふだんはめったに遊《あそ》ばない校舎《こうしゃ》の裏手《うらて》には、ひいらぎの白《しろ》い小《ちい》さな花《はな》が咲《さ》いていました。

プールの水《みず》は藻《も》が生《は》えて緑色《みどりいろ》になっています。観察《かんさつ》と収穫《しゅうかく》を終《お》えた稲《いね》の刈《か》り株《かぶ》がバケツの中《なか》の堅《かた》く乾《かわ》いた土《つち》に残《のこ》っています。

冬《ふゆ》が来《き》てプールの水《みず》も凍《こお》るかな　史祥《ふみや》

子《こ》どもがつくった俳句《はいく》を紹介《しょうかい》する本《ほん》を用意《ようい》する

参考図書《さんこうとしょ》…『こども俳句《はいく》と童画《どうが》の四季《しき》・ふるさと』（安藤勇寿《あんどうゆうじ》・著《ちょ》／NHK出版《しゅっぱん》）『小学生《しょうがくせい》のやさしい俳句《はいく》』（醍醐育宏《だいごやすひろ》・著《ちょ》／てのり文庫《ぶんこ》）『一句《いっく》、ください。』（黛《まゆずみ》まどか・編《へん》／学習研究社《がくしゅうけんきゅうしゃ》）

◆俳句《はいく》を作《つく》ろう

子《こ》どもたちの背中《せなか》に夕方《ゆうがた》のやわらかな日《ひ》ざしが当《あ》たりはじめます。校庭《こうてい》に長《なが》い影法師《かげぼうし》ができました。

校庭《こうてい》を一周《いっしゅう》した後《あと》、朝礼台《ちょうれいだい》のところに戻《もど》って投句用紙《とうくようし》を受《う》け取《と》ると、思《おも》い思《おも》いの場所《ばしょ》で俳句《はいく》をつくります。

奈摘《なつみ》ちゃんは花壇《かだん》に植《う》わっただいだいの木《き》に近《ちか》づき、オレンジ色《いろ》の大《おお》きな実《み》に鼻《はな》をくんくんと近《ちか》づけます。麻実《あさみ》ちゃんと可奈子《かなこ》ちゃんは校庭《こうてい》の片隅《かたすみ》に吹《ふ》き寄《よ》せられた落《お》ち葉《ば》の山《やま》で足踏《あしぶ》みをしています。

だいだいのにおいに鼻《はな》がつんとなる　奈摘《なつみ》
落《お》ち葉《ば》踏《ふ》みなんか匂《にお》うよただようよ　麻美《あさみ》
落《お》ち葉《ば》踏《ふ》みサクサクねいろきれいだな　可奈子《かなこ》

男《おとこ》の子《こ》たちはバスケットボールのゴールの下《した》に腰掛《こしか》けて、鉛筆《えんぴつ》を静《しず》かに動《うご》かします。

日《ひ》なたぼこ晴《は》れてるときに昼寝《ひるね》どき　史祥《ふみや》
枯木《かれき》にはかくれられずにすずめ飛《と》ぶ　眞一郎《しんいちろう》

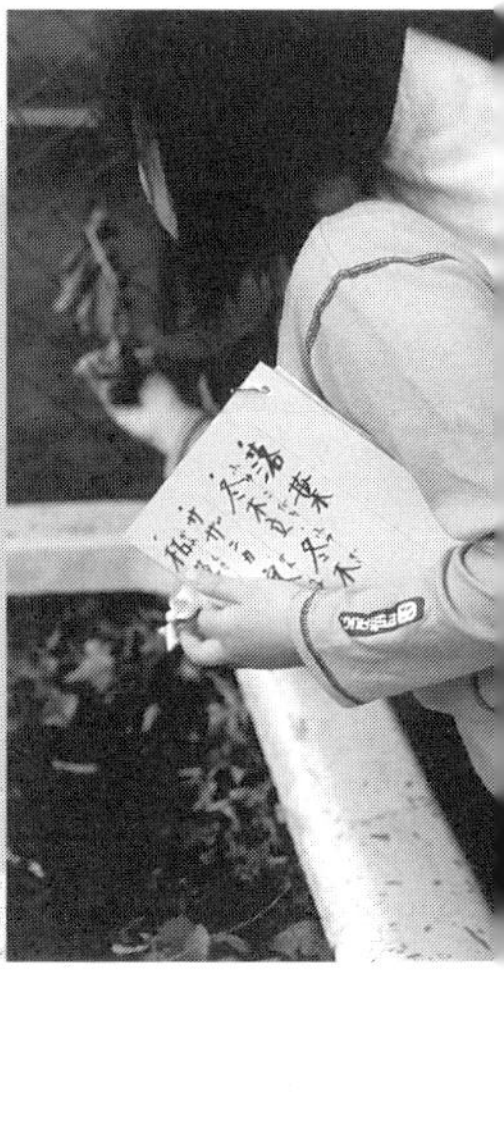

投句用紙《とうくようし》を用意《ようい》する
今回《こんかい》使用《しよう》した投句用紙《とうくようし》は次《つぎ》のようなものです。

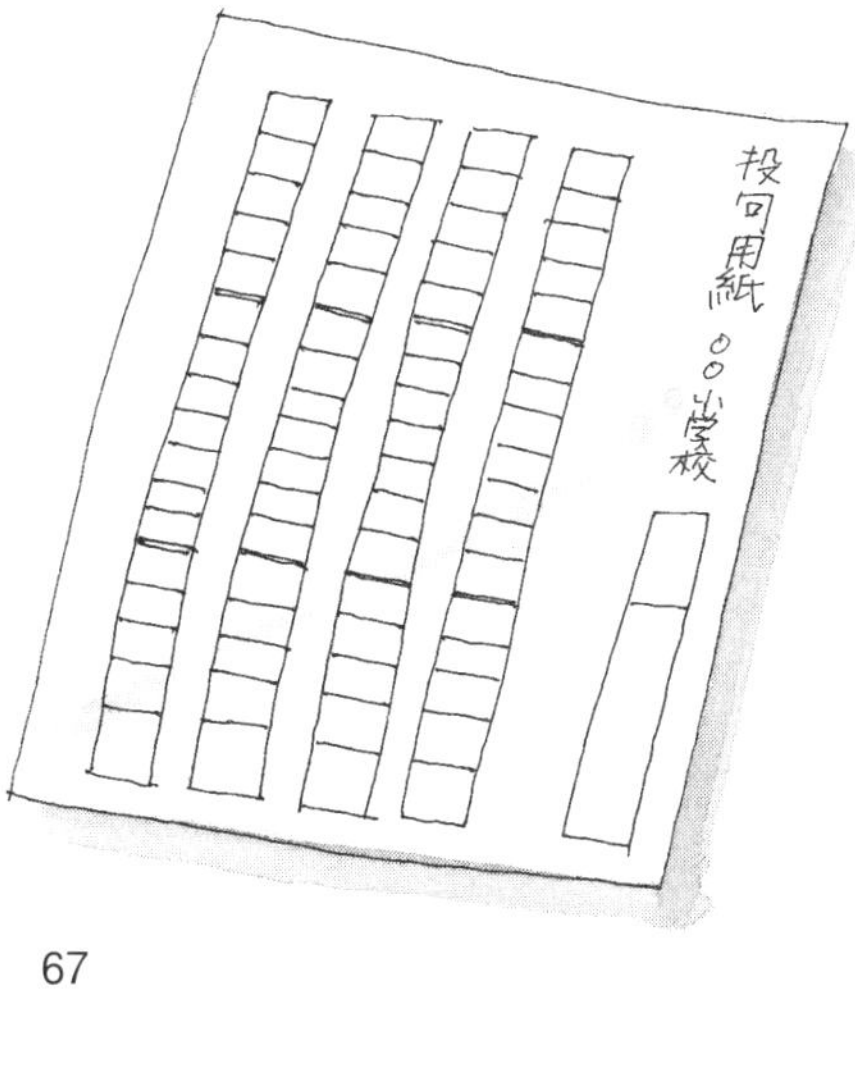

友《とも》だちとはいく書《か》いてる冬《ふゆ》の午後《ごご》　陸央《りくお》

冬《ふゆ》の空《そら》太陽《たいよう》早《はや》くさっていく　修平《しゅうへい》

すでに用紙《ようし》二枚《にまい》に八句《はっく》を書《か》き終《お》えた子《こ》どもたちは、サッカーボールで遊《あそ》び始《はじ》めました。サッカーは冬《ふゆ》の季語《きご》、サッカー俳句《はいく》も飛《と》び出《だ》します。

サッカーをすれば体《からだ》もほかほかだ　麻美《あさみ》

校庭《こうてい》の片隅《かたすみ》にはケヤキの裸木《はだかぎ》が立《た》っています。その根《ね》もとにはゆるやかな冬《ふゆ》の日《ひ》ざしがようやくとどき、ごつごつとした幹《みき》の表面《ひょうめん》に顔《かお》を寄《よ》せると温《あたた》かく感《かん》じます。八句《はっく》書《か》いた投句用紙《とうくようし》をひらひらさせて、亜耶《あや》ちゃんがいいました。

「次《つぎ》は春《はる》を探《さが》すんだね」

だいだいをいっぱいつけた大《おお》きな木《き》　陸央《りくお》

ケヤキの樹態度《きたいど》でかいぞ寒《さむ》い冬《ふゆ》　亜耶《あや》

枯木《かれき》から小《ちい》さなすずめ飛《と》び立《た》った　菜摘《なつみ》

放課後《ほうかご》に枯木《かれき》を見《み》ている私《わたし》たち　可奈子《かなこ》

これは小学校《しょうがっこう》の校庭《こうてい》の見取《みと》り図《ず》です

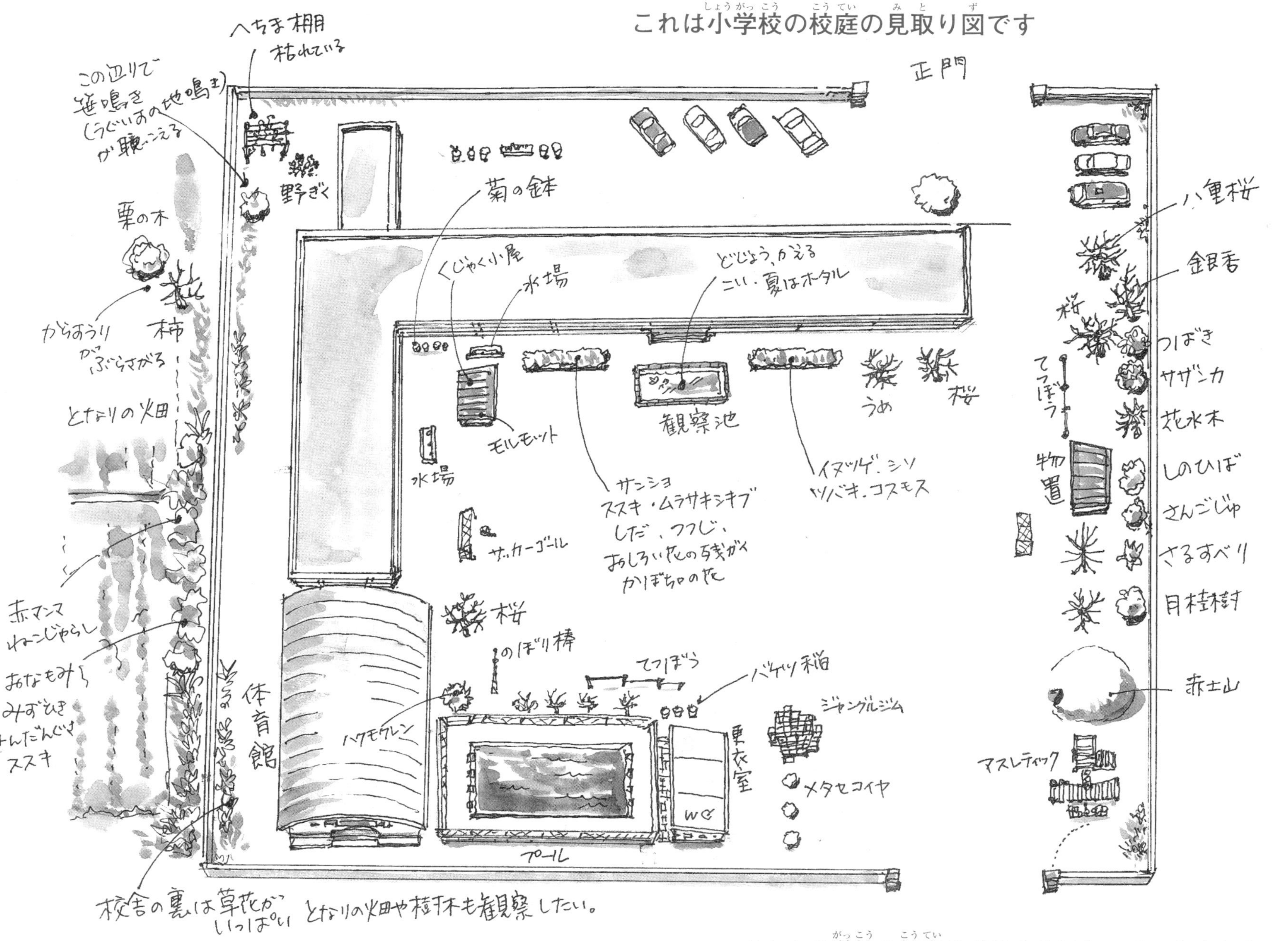

あなたの学校《がっこう》の校庭《こうてい》はどのようになっていますか？

句会《くかい》の開《ひら》きかた

俳句《はいく》の仲間《なかま》が集《あつ》まって、つくった俳句《はいく》を発表《はっぴょう》したり、批評《ひひょう》し合《あ》ったりする場《ば》を「句会《くかい》」といいます。四《し》、五人《ごにん》集《あつ》まればできますので、俳句《はいく》をつくったら、ぜひ句会《くかい》を開《ひら》いてみましょう。

◆句会《くかい》の流《なが》れ

○自分《じぶん》の俳句《はいく》を短冊《たんざく》に一句《いっく》ずつ清書《せいしょ》して提出《ていしゅつ》します。全員《ぜんいん》が同《おな》じ数《かず》の句《く》を出《だ》します。はじめは三句《さんく》から五句《ごく》ぐらいでいいでしょう。作者《さくしゃ》の名《な》まえは書《か》きません。しめきりの時間《じかん》を決《き》めて守《まも》りましょう。
＝出句《しゅっく》

○集《あつ》まった短冊《たんざく》を、全員《ぜんいん》に同《おな》じ枚数《まいすう》ずつ配《くば》ります。同《おな》じ作者《さくしゃ》が続《つづ》かないように気《き》をつけます。

○清記用紙《せいきようし》に俳句《はいく》をうつします。読《よ》みやすい字《じ》でていねいに。用紙《ようし》には席《せき》の順番《じゅんばん》に左回《ひだりまわ》りに番号《ばんごう》をふります。うつし終《お》わったら、まちがっていないかどうかよくたしかめます。＝清記《せいき》

○よいと思《おも》った句《く》を予選用紙《よせんようし》に書《か》きとめて、右《みぎ》どなりの人《ひと》に清記用紙《せいきようし》をまわします。このときその句《く》があった清記用紙《せいきようし》の番号《ばんごう》を忘《わす》れずに書《か》きそえます。全員《ぜんいん》がすべての清記用紙《せいきようし》を見終《みお》わるまで続《つづ》け、自分《じぶん》の書《か》いた清記用紙《せいきようし》が戻《もど》ってきたところで終《お》わりです。自分《じぶん》のつくっ

◆用意《ようい》するもの

①短冊《たんざく》……俳句《はいく》を書《か》くための用紙《ようし》です。Ａ4の紙《かみ》を6等分《とうぶん》したくらいがよいでしょう。多《おお》めに用意《ようい》しましょう。

②清記用紙《せいきようし》……提出《ていしゅつ》された俳句《はいく》をみんなで回覧《かいらん》できるように書《か》きうつす用紙《ようし》です。人数分《にんずうぶん》用意《ようい》します。

③予選用紙《よせんようし》……参加者《さんかしゃ》がそれぞれ用意《ようい》します。ふつうのノート（句会《くかい》ノート）でよいでしょう。

④選句用紙《せんくようし》……参加者《さんかしゃ》が、回覧《かいらん》した俳句《はいく》の中《なか》から選《えら》んだものを、清書《せいしょ》して提出《ていしゅつ》する用紙《ようし》です。人数分《にんずうぶん》用意《ようい》します。

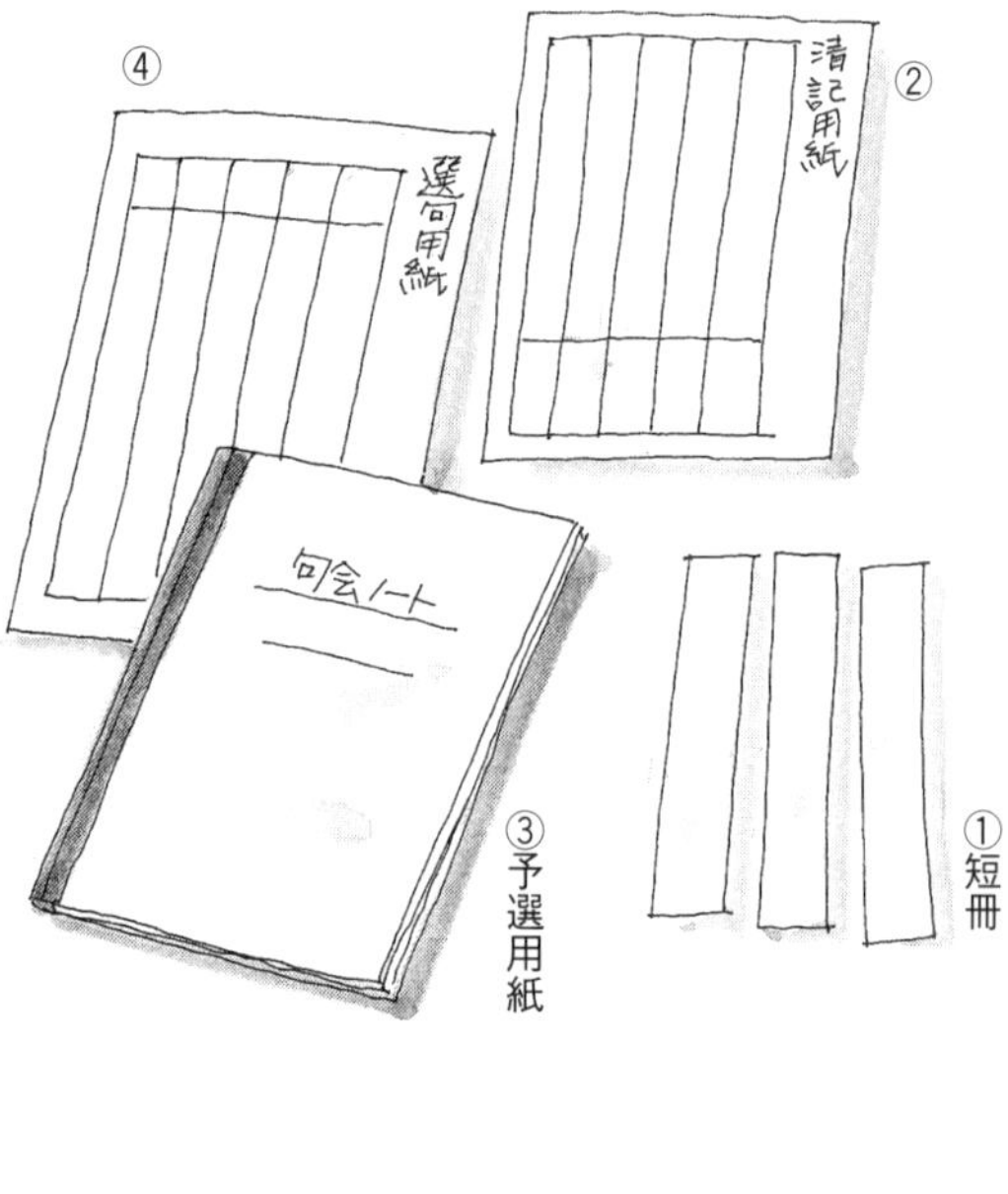

た句《く》は取《と》りません。＝予選《よせん》

○予選《よせん》した俳句《はいく》の中《なか》から、決《き》められた数《かず》（出《だ》した句《く》の数《かず》がいいでしょう）の俳句《はいく》をさらに選《えら》んで、選句用紙《せんくようし》に清書《せいしょ》し、自分《じぶん》の名前《なまえ》を書《か》いて提出《ていしゅつ》します。＝選句《せんく》

○披講者《ひこうしゃ》（俳句《はいく》を読《よ》みあげる役《やく》の人《ひと》）が選句用紙《せんくようし》を読《よ》み上《あ》げます。選《えら》んだ人《ひと》の名《な》まえをはじめに読《よ》み、清記用紙《せいきようし》の番号《ばんごう》とともに選《えら》ばれた俳句《はいく》を読《よ》みます。自分《じぶん》のつくった俳句《はいく》が読《よ》み上《あ》げられたら、作者《さくしゃ》はそのたびに名《な》のります。＝披講《ひこう》

○また、自分《じぶん》の手《て》もとの清記用紙《せいきようし》の句《く》が読《よ》まれたら、まずその句《く》の下《した》に作者名《さくしゃめい》を書《か》き入《い》れ、句《く》の上《うえ》には○を一《ひと》つつけます。二回《にかい》読《よ》まれたら二《ふた》つめの○をつけます。こうして点《てん》を入《い》れてゆきます。＝点盛《てんも》り

○すべての選句用紙《せんくようし》を読《よ》み終《おわ》ったところで、入《はい》った点数《てんすう》を参考《さんこう》にしながら、今日《きょう》の俳句《はいく》についてどういうところがいいと思《おも》ったかなど感想《かんそう》や批評《ひひょう》を述《の》べあいます。＝合評《がっぴょう》

このように句会《くかい》は名《な》まえをふせ、先入観《せんにゅうかん》なしにお互《たが》いの句《く》を選《えら》びあいます。点数《てんすう》をきそいあうことよりも、自分《じぶん》の表現《ひょうげん》したかったことが相手《あいて》に伝《つた》わったかどうか、ひとりよがりでないかなどを確《たし》かめることの方《ほう》が大切《たいせつ》です。批評《ひひょう》しあうことをおそれずに句会《くかい》をくりかえすことにより、俳句《はいく》の仲間《なかま》として、お互《たが》いの信頼《しんらい》も生《う》まれてくるでしょう。

読者《どくしゃ》のみなさんへ

俳句《はいく》は、わずか十七音《じゅうななおん》ほどでつくられる文芸作品《ぶんげいさくひん》です。その多《おお》くは、五《ご》音《おん》・七音《ななおん》・五音《ごおん》の調《しら》べを持《も》った文節《ぶんせつ》で構成《こうせい》され、季節《きせつ》を表《あらわ》すことば「季語《きご》」を入《い》れてつくられます。

また、「文語《ぶんご》」という古《ふる》い文体《ぶんたい》で表現《ひょうげん》されることが多《おお》いので、少《すこ》し難《むずか》しく感《かん》じられるかもしれません。

この『新《しん》 俳句《はいく》・季語事典《きごじてん》』では、「季語《きご》」をわかりやすく、身近《みぢか》に感《かん》じられるように解説《かいせつ》し、その季語《きご》を使《つか》った俳句《はいく》（例句《れいく》といいます）には、名句《めいく》としてよく知《し》られた作品《さくひん》や、読《よ》む人《ひと》が共感《きょうかん》できるものを選《えら》ぶように心《こころ》がけました。それらの俳句《はいく》は、たとえ、今《いま》読《よ》んでわからなくても、いつかすんなりと心《こころ》に入《はい》ってくることでしょう。

俳句《はいく》は、日々《ひび》の暮《く》らしの中《なか》で、季節《きせつ》の小《ちい》さな変化《へんか》に気《き》づいて、はっとしたり、おやっと思《おも》ったりしたことを書《か》きとめるものです。忘《わす》れないうちに、ほんのちょっと立《た》ち止《ど》まって、短《みじか》い日記《にっき》を書《か》くように、また一枚《いちまい》のスケッチや写真《しゃしん》に残《のこ》すような気持《きも》ちで、五七五《ごしちご》にまとめてみませんか。

そのとき、何《なに》かぴったりとした季語《きご》がないかどうか、ぜひこの本《ほん》で探《さが》してみてください。

石田郷子《いしだきょうこ》

	俳人名	読み	掲載頁
			冬の巻 60
	森川暁水	もりかわぎょうすい	秋の巻 31
	森崎　舞 (小3)	もりさきまい	秋の巻 61
	森　澄雄	もりすみお	春の巻 25, 36, 48, 63
			夏の巻 37, 65
			秋の巻 20
			冬の巻 48
	森田圭美 (小2)	もりたたまみ	秋の巻 50
	森田　峠	もりたとうげ	冬の巻 17
	森　久子	もりひさこ	春の巻 47
や	八木絵馬	やぎえま	夏の巻 19, 26
	八木澤高原	やぎさわこうげん	春の巻 44
	矢島渚男	やじまなぎさお	秋の巻 60
			冬の巻 61
	野水	やすい	冬の巻 19
	八染藍子	やそめあいこ	秋の巻 28
	八幡里洋	やはたりよう	春の巻 36
	山口いさを	やまぐちいさを	夏の巻 27
			冬の巻 47
			入門編 4
	山口誓子	やまぐちせいし	春の巻 12, 20, 25, 55, 75
			夏の巻 19, 20, 26, 31, 33, 37, 42, 51, 55, 59, 64, 74
			秋の巻 29, 33, 48, 53, 61, 68, 69
			冬の巻 4, 25, 37, 43, 45, 51, 55, 69, 78
			入門編 17, 45
	山口青邨	やまぐちせいそん	春の巻 16, 61, 73, 74, 75
			夏の巻 16, 22
			秋の巻 22, 28, 55, 66
			冬の巻 29, 33, 40, 41, 67
			入門編 17, 35
	山口草堂	やまぐちそうどう	春の巻 62
	山口波津女	やまぐちはつじょ	春の巻 53
			夏の巻 24
	山崎ひさを	やまざきひさを	春の巻 34
			夏の巻 44
			秋の巻 36
	山崎房子	やまざきふさこ	冬の巻 39
	山下美樹 (小4)	やましたみき	冬の巻 43
	山田　葵	やまだあおい	春の巻 30, 31
			夏の巻 19, 23
			秋の巻 54, 62
			冬の巻 27, 37, 39
	山田弘子	やまだひろこ	冬の巻 26
	山田みづえ	やまだみづえ	春の巻 14, 17, 26
			夏の巻 14, 62, 70
			秋の巻 16, 22, 24, 25, 27, 67
			冬の巻 2, 12, 16, 23, 29, 30, 47, 69, 71, 72
	山西雅子	やまにしまさこ	秋の巻 69
	山根真矢	やまねまや	夏の巻 41
	山畑禄郎	やまはたろくろう	春の巻 36
	山本なつみ (小2)	やまもとなつみ	冬の巻 56
	山本洋子	やまもとようこ	秋の巻 64
	山吉空果	やまよしくうか	春の巻 13
ゆ	百合山羽公	ゆりやまうこう	冬の巻 25
よ	横尾　歩 (小2)	よこおあゆみ	春の巻 54
	吉岡禅寺洞	よしおかぜんじどう	春の巻 16
			秋の巻 70
	吉川清江	よしかわきよえ	冬の巻 74
	吉川賢史 (小6)	よしかわたかふみ	春の巻 26
	吉田巨蕪	よしだこぶ	夏の巻 78
	吉田鴻司	よしだこうじ	春の巻 32
			冬の巻 40
	吉田汀史	よしだていし	秋の巻 37
	吉田北舟子	よしだほくしゅうし	秋の巻 52
	吉村公太朗 (小3)	よしむらこうたろう	秋の巻 41
			冬の巻 49, 79
	吉村ひさ志	よしむらひさし	冬の巻 43
	吉村正恵 (小6)	よしむらまさえ	秋の巻 44, 46
			冬の巻 54
	吉用　卓 (小5)	よしもちすぐる	冬の巻 59
	吉本伊智郎	よしもといちろう	夏の巻 48
	米沢吾亦紅	よねざわわれもこう	春の巻 54
			秋の巻 40
	米谷静二	よねやせいじ	夏の巻 79
	蓬田紀枝子	よもぎだきえこ	夏の巻 48
	蓬田節子	よもぎだせつこ	冬の巻 49
ら	嵐雪	らんせつ	春の巻 57
り	龍　橙風子	りゅうとうふうし	春の巻 14
わ	鷲谷七菜子	わしたにななこ	秋の巻 37, 61
	和田幸司	わだこうじ	夏の巻 13
	和田悟朗	わだごろう	秋の巻 46
	渡邉秋男	わたなべあきお	冬の巻 70
	渡辺絵里 (小6)	わたなべえり	秋の巻 34
	渡辺さゆり (中1)	わたなべさゆり	秋の巻 52
	渡辺水巴	わたなべすいは	夏の巻 67
			秋の巻 28
			冬の巻 33, 38, 64
	渡邊千枝子	わたなべちえこ	秋の巻 38
	渡辺白泉	わたなべはくせん	秋の巻 43, 56
	渡辺鳴水	わたなべめいすい	春の巻 41
	渡会昌広	わたらいまさひろ	冬の巻 41

	俳人名	読み	掲載頁
			夏の巻 20, 72
			秋の巻 12
	細川加賀	ほそかわかが	春の巻 15, 40
			秋の巻 17, 32
			冬の巻 15
	細田未来 (小2)	ほそだみらい	春の巻 65
	細見綾子	ほそみあやこ	春の巻 29, 52, 60, 65, 66, 74
			夏の巻 4, 67, 75
			冬の巻 13, 22, 37
	細谷鳩舎	ほそやきゅうしゃ	秋の巻 36
	細谷てる子	ほそやてるこ	春の巻 38
	保田ゆり女	ほだゆりじょ	春の巻 19
	堀　葦男	ほりあしお	春の巻 64
			秋の巻 62
			冬の巻 67
	堀口星眠	ほりぐちせいみん	夏の巻 20
	堀　翔太 (小3)	ほりしょうた	冬の巻 53
	堀　風祭子	ほりふうさいし	春の巻 68
	凡兆	ぼんちょう	秋の巻 21
			冬の巻 30
ま	前田霞生	まえだのぶお	秋の巻 15
	前田普羅	まえだふら	春の巻 25, 62
			夏の巻 65
			秋の巻 14, 52
	前野雅生	まえのまさお	冬の巻 15
	牧野寥々	まきのりょうりょう	春の巻 27
	真喜屋牧也	まきやまきなり	春の巻 59
	正岡子規	まさおかしき	春の巻 17, 32, 70, 72
			夏の巻 15, 20, 28, 35, 48, 60, 65, 69
			秋の巻 31, 45, 51, 57, 58, 63, 64
			冬の巻 14, 28, 53, 59, 68
			入門編 4, 16, 27
	正木千冬	まさきちふゆ	冬の巻 57
	正木ゆう子	まさきゆうこ	春の巻 51
	増田龍雨	ますだりゅうう	春の巻 16
			夏の巻 18
			秋の巻 16
	町　春草	まちしゅんそう	秋の巻 20
	松浦敬親	まつうらけいしん	春の巻 51
	松岡ひでたか	まつおかひでたか	春の巻 17
	松岡六花女	まつおかりかじょ	春の巻 35
	松尾美穂	まつおみほ	冬の巻 43
	松木綾香 (小5)	まつきあやか	秋の巻 25
	松澤　昭	まつざわあきら	秋の巻 49
	松永貞徳	まつながていとく	入門編 14
	松根東洋城	まつねとうようじょう	春の巻 21
			冬の巻 76
	松藤夏山	まつふじかざん	夏の巻 68
	松村蒼石	まつむらそうせき	秋の巻 53
	松本絵美 (小4)	まつもとえみ	冬の巻 60
	松本澄江	まつもとすみえ	秋の巻 71
	松本たかし	まつもとたかし	春の巻 40, 46, 54, 59, 61, 69, 70
			夏の巻 53, 64, 73
			秋の巻 35, 57, 70
			冬の巻 2, 13, 16, 36, 42, 45
			入門編 17, 49
	黛　まどか	まゆずみまどか	夏の巻 42, 49

	俳人名	読み	掲載頁
			冬の巻 74
み	三浦泰子 (小2)	みうらやすこ	春の巻 47
	三木あゆみ	みきあゆみ	秋の巻 24
	三嶋隆英	みしまりゅうえい	冬の巻 42
	水原秋櫻子	みずはらしゅうおうし	春の巻 44, 51, 56, 59, 70, 73
			夏の巻 29, 30, 73
			秋の巻 16, 27, 35, 36, 43, 66
			冬の巻 60, 61
			入門編 17, 36
	三谷　昭	みたにあきら	夏の巻 25
	三田陽子	みたようこ	冬の巻 19
	道山昭爾	みちやましょうじ	秋の巻 44
	三橋鷹女	みつはしたかじょ	夏の巻 13, 40
			秋の巻 4, 58
			冬の巻 72
			入門編 38
	三橋敏雄	みつはしとしお	秋の巻 38, 40
			冬の巻 16, 68
	三ツ谷謡村	みつやようそん	冬の巻 40
	皆川盤水	みながわばんすい	冬の巻 33, 79
	皆吉爽雨	みなよしそうう	春の巻 44
			秋の巻 20, 43
			冬の巻 55, 63
	嶺　晴香 (小6)	みねはるか	秋の巻 34
	宮津昭彦	みやつあきひこ	夏の巻 76
			冬の巻 66
	宮本鮎美 (小1)	みやもとあゆみ	冬の巻 45
	宮本　鈴	みやもとすず	春の巻 65
	宮本由太加	みやもとゆたか	春の巻 28
	三好達治	みよしたつじ	冬の巻 24
む	村上鬼城	むらかみきじょう	春の巻 20, 43, 50, 55, 58, 71
			夏の巻 23
			秋の巻 42, 45
			冬の巻 19, 30, 42, 71, 78
			入門編 17, 26
	村上杏吏	むらかみきょうし	夏の巻 58
	村上喜代子	むらかみきよこ	春の巻 46
	村上しゅら	むらかみしゅら	冬の巻 75
	村越化石	むらこしかせき	春の巻 29
			秋の巻 29
	村沢夏風	むらさわかふう	春の巻 63
			夏の巻 47
	村田昭子	むらたあきこ	夏の巻 61
	村田　脩	むらたおさむ	夏の巻 68
	村松紅花	むらまつこうか	冬の巻 27
	村山古郷	むらやまこきょう	秋の巻 34, 42
			冬の巻 12
	室生幸太郎	むろうこうたろう	夏の巻 46
	室生犀星	むろうさいせい	夏の巻 68
			冬の巻 28, 39, 72
	室生とみ子	むろうとみこ	夏の巻 74
も	持丸寿恵子	もちまるすえこ	夏の巻 75
	本井　英	もといえい	春の巻 36
	本橋りの (小2)	もとはしりの	夏の巻 41
	本宮銑太郎	もとみやせんたろう	春の巻 39
	本宮哲郎	もとみやてつろう	冬の巻 17
	籾山梓月	もみやましげつ	冬の巻 41
	森賀まり	もりがまり	夏の巻 61

	俳人名	読み	掲載頁
			冬の巻 46, 50, 55, 64
			入門編 17, 39
	芭蕉	ばしょう	春の巻 18, 25, 29, 40, 50, 52, 57, 58, 60, 62, 70, 71
			夏の巻 16, 17, 18, 21, 29, 31, 32, 36, 52, 59, 62, 64, 66, 72, 77
			秋の巻 2, 12, 16, 19, 22, 24, 25, 49, 60
			冬の巻 16, 27, 31, 53
			入門編 2, 15, 20
	長谷川　櫂	はせがわかい	春の巻 30, 42, 49, 61
			夏の巻 51
			冬の巻 60
			入門編 3
	長谷川かな女	はせがわかなじょ	春の巻 33
			秋の巻 54, 65, 69
			冬の巻 75
	長谷川耿子	はせがわこうし	冬の巻 49
	長谷川春草	はせがわしゅんそう	冬の巻 17
	長谷川双魚	はせがわそうぎょ	冬の巻 65
	長谷川素逝	はせがわそせい	秋の巻 20, 34, 66
			冬の巻 52
			入門編 5
	波多野爽波	はたのそうは	春の巻 66
			夏の巻 66, 67
			秋の巻 29
			冬の巻 46, 56
			入門編 58
	八丁ちほ (小3)	はっちょうちほ	秋の巻 64
	馬場移公子	ばばいくこ	夏の巻 41
			冬の巻 23
	土生重次	はぶじゅうじ	冬の巻 60
	羽村野石	はむらのせき	冬の巻 65
	林　翔	はやししょう	春の巻 19
			夏の巻 45
			秋の巻 46
	林　誠司	はやしせいじ	夏の巻 46
	林　徹	はやしてつ	春の巻 53
			冬の巻 54
	林原耒井	はやしばららいせい	春の巻 68
			秋の巻 59
	林　良硯	はやしりょうけん	秋の巻 17
	林　玲美 (小5)	はやしれみ	秋の巻 45
	原　和子	はらかずこ	冬の巻 64
	原　コウ子	はらこうこ	冬の巻 76
	原子公平	はらここうへい	春の巻 32
			夏の巻 63
			秋の巻 50
	原　石鼎	はらせきてい	夏の巻 22, 58, 76
			秋の巻 25, 29, 60
			冬の巻 23, 55
	原田青児	はらだせいじ	夏の巻 13, 30
			冬の巻 21
	原田種茅	はらだたねじ	夏の巻 27, 71
			冬の巻 48
	原　裕	はらゆたか	冬の巻 54
	伴　貴光 (小2)	ばんたかみつ	春の巻 37

	俳人名	読み	掲載頁
ひ	樋笠　文	ひかさふみ	秋の巻 39
	疋田恭子 (小6)	ひきたきょうこ	冬の巻 18
	樋口寿美子	ひぐちすみこ	夏の巻 35
	彦井きみお	ひこいきみお	冬の巻 16
	日野草城	ひのそうじょう	春の巻 18, 21, 22, 24
			夏の巻 15, 37, 54, 79
			秋の巻 17, 18, 26, 52, 53, 62
			冬の巻 22, 25, 28, 42, 46
	姫野珠里 (中3)	ひめのしゅり	冬の巻 46
	平井さち子	ひらいさちこ	秋の巻 45
	平井照敏	ひらいしょうびん	秋の巻 47
	平畑静塔	ひらはたせいとう	夏の巻 32
			冬の巻 77
	広瀬直人	ひろせなおと	夏の巻 28
	廣瀬直人	ひろせなおと	秋の巻 23
	広瀬蕗葉	ひろせろよう	春の巻 55
ふ	深見けん二	ふかみけんじ	春の巻 43, 48, 68, 71
			冬の巻 35, 76
	福井幸三 (中1)	ふくいこうぞう	冬の巻 14
	福井貞子	ふくいさだこ	冬の巻 44
	福田甲子男	ふくだきねお	夏の巻 39, 48, 53
	福田甲子雄	ふくだきねお	冬の巻 19, 76
	福田さや香 (小6)	ふくださやか	冬の巻 26
	福田蓼汀	ふくだりょうてい	秋の巻 21, 67
			冬の巻 79
	福永耕二	ふくながこうじ	春の巻 27, 37
			夏の巻 57
	福永鳴風	ふくながめいふう	冬の巻 40
	福原　実	ふくはらみのる	春の巻 46
	藤井亜衣 (小1)	ふじいあい	冬の巻 14
	藤井靖子 (中1)	ふじいやすこ	夏の巻 64
	藤川佳子 (小5)	ふじかわよしこ	冬の巻 64
	藤崎久を	ふじざきひさお	夏の巻 27, 32
	藤田湘子	ふじたしょうし	春の巻 20
			夏の巻 42
	藤田美代子	ふじたみよこ	春の巻 45
	藤野なつみ (小4)	ふじのなつみ	秋の巻 27
	藤松遊子	ふじまつゆうし	春の巻 55
	藤原日佐子	ふじわらひさこ	春の巻 52
	蕪村	ぶそん	春の巻 3, 18, 22, 28, 33, 45, 51, 61, 66, 71
			夏の巻 17, 26, 46, 65, 68, 69
			秋の巻 19, 22, 27, 30, 35, 57
			入門編 15, 22
	文挟夫佐恵	ふばさみふさえ	冬の巻 67
	古川芋蔓	ふるかわうまん	冬の巻 77
へ	邊見京子	へんみきょうこ	秋の巻 17
ほ	坊城としあつ	ぼうじょうとしあつ	秋の巻 43
	星野立子	ほしのたつこ	春の巻 24, 29, 47, 50, 60, 65, 68, 69, 72
			夏の巻 18, 21, 33, 40, 54, 55, 78, 79
			秋の巻 21, 32, 46, 65, 66
			冬の巻 7, 20, 23, 27, 30, 32, 44, 69, 78
			入門編 17, 46
	星野恒彦	ほしのつねひこ	夏の巻 73
	星野麥丘人	ほしのばっきゅうじん	春の巻 17

	俳人名	読み	掲載頁
	小野雄馬(小5)	おのゆうま	秋の巻 21
	小幡将司(小3)	おばたまさし	夏の巻 56
	折笠美秋	おりがさびしゅう	春の巻 55
か	海津篤子	かいづあつこ	春の巻 16, 47 夏の巻 34, 49 秋の巻 25, 27 冬の巻 23, 55, 62
	海津光太郎(小6)	かいつこうたろう	春の巻 72
	海津光太郎(小5)	かいつこうたろう	夏の巻 47
	かいはらだいすけ(小2)		冬の巻 34
	甲斐満希子(小1)	かいまきこ	秋の巻 59
	櫂　未知子	かいみちこ	冬の巻 29, 75
	鍵和田秞子	かぎわだゆうこ	夏の巻 53 秋の巻 47 冬の巻 15, 52 入門編 7
	加倉井秋を	かくらいあきを	春の巻 56 秋の巻 39, 50 冬の巻 78
	加古宗也	かこそうや	冬の巻 74
	柏木冬魚	かしわぎとうぎょ	冬の巻 67
	片山由美子	かたやまゆみこ	春の巻 57
	勝又一透	かつまたいっとう	春の巻 17
	桂　信子	かつらのぶこ	春の巻 12, 18, 60, 72 夏の巻 53 秋の巻 12, 65 冬の巻 17, 18, 33, 52, 62, 69
	加藤楸邨	かとうしゅうそん	春の巻 19, 49 夏の巻 24, 36, 76 秋の巻 47 冬の巻 21, 36, 38, 41, 51, 54, 59, 63, 64 入門編 7, 17, 48
	加藤宵村	かとうしょうそん	冬の巻 38
	加藤知世子	かとうちよこ	冬の巻 63
	加藤智絵(小6)	かとうともえ	冬の巻 25
	加藤三七子	かとうみなこ	春の巻 61 秋の巻 40 冬の巻 70
	角川源義	かどかわげんよし	夏の巻 21
	角野良雄	かどのよしお	冬の巻 45
	金尾梅の門	かなおうめのかど	冬の巻 72
	金子伊昔紅	かねこいせきこう	冬の巻 41
	金子兜太	かねことうた	春の巻 12, 58 夏の巻 54 秋の巻 36, 50 冬の巻 24 入門編 6
	鎌田杏花	かまたきょうか	秋の巻 56
	神尾季羊	かみおきよう	夏の巻 41
	神蔵　器	かみくらうつわ	夏の巻 71 秋の巻 13 冬の巻 22, 30
	神谷九品	かみやくほん	春の巻 69
	軽部烏頭子	かるべうとうし	夏の巻 54 冬の巻 53
	川崎展宏	かわさきてんこう	春の巻 15, 27, 28, 31, 73 夏の巻 25, 41
	川島彷皇子	かわしまほうこうし	秋の巻 58 冬の巻 12 夏の巻 16 秋の巻 53
	川野祐依(小2)	かわのひろえ	秋の巻 71
	河野ふゆめ(小6)	かわのふゆめ	春の巻 40
	川端茅舎	かわばたぼうしゃ	春の巻 21, 31, 51, 53, 56 夏の巻 70, 79 秋の巻 2, 14 冬の巻 62 入門編 17, 41
	川端康成	かわばたやすなり	秋の巻 28
	川原つう	かわはらつう	春の巻 37
	河東碧梧桐	かわひがしへきごとう	春の巻 5, 57 冬の巻 63 入門編 16
	神田さち(小2)	かんださち	冬の巻 23
き	木内彰志	きうちしょうし	夏の巻 44
	木内怜子	きうちれいこ	夏の巻 49
	基角	きかく	春の巻 51 夏の巻 36
	如月真菜	きさらぎまな	春の巻 39
	岸田稚魚	きしだちぎょ	春の巻 23, 62 秋の巻 51, 67 冬の巻 78
	木島緋砂子	きじまひさこ	夏の巻 30
	岸本尚毅	きしもとなおき	春の巻 41 夏の巻 38
	北　光星	きたこうせい	冬の巻 40
	北原白秋	きたはらはくしゅう	夏の巻 70
	木津柳芽	きづりゅうが	夏の巻 50
	木下夕爾	きのしたゆうじ	春の巻 23, 26, 66, 74 夏の巻 54, 76 秋の巻 26, 30 冬の巻 13, 26, 30
	木村泰三	きむらたいぞう	夏の巻 73
	木村凍邨	きむらとうそん	冬の巻 31
	木村蕪城	きむらぶじょう	秋の巻 23
	木村ゆうた(小3)	きむらゆうた	春の巻 58
	京極杞陽	きょうごくきよう	春の巻 33 夏の巻 37 秋の巻 71
	京極杜藻	きょうごくとそう	冬の巻 48, 68
	暁台	きょうたい	冬の巻 20
	清崎敏郎	きよさきとしお	春の巻 42, 72 秋の巻 38 冬の巻 50
	清原枴童	きよはらかいどう	冬の巻 32
	去来	きょらい	夏の巻 64, 67
	銀林晴生	ぎんばやしはるお	春の巻 23
く	草間時彦	くさまときひこ	春の巻 48, 64, 73 夏の巻 44, 52 秋の巻 20, 55 冬の巻 45 入門編 3
	楠本憲吉	くすもとけんきち	春の巻 41
	轡田　進	くつわだすすむ	春の巻 19, 38
	久保田須彌	くぼたしゅみ	秋の巻 41

	俳人名	読み	掲載頁
	伊東月草	いとうげっそう	夏の巻 74
	稲垣きくの	いながききくの	秋の巻 60
	稲畑汀子	いなはたていこ	春の巻 37
			冬の巻 70
	井上土筆	いのうえつくし	冬の巻 36
	井上弘美	いのうえひろみ	冬の巻 49
	茨木和生	いばらきかずお	秋の巻 43
	今井杏太郎	いまいきょうたろう	春の巻 20, 46
			夏の巻 22
			秋の巻 13, 71
	今井千鶴子	いまいちづこ	春の巻 23
			冬の巻 73
	今井つる女	いまいつるじょ	夏の巻 76
			秋の巻 33
	今枝秀二郎 (小4)	いまえだしゅうじろう	秋の巻 24
			冬の巻 39
	今村青魚	いまむらせいぎょ	冬の巻 65
	今村　将 (小6)	いまむらまさし	春の巻 65
	岩岡中正	いわおかなかまさ	春の巻 74
	岩木躑躅	いわきつつじ	冬の巻 16
	岩田由美	いわたゆみ	夏の巻 47
			秋の巻 64
			冬の巻 15, 23
	岩中志げこ	いわなかしげこ	冬の巻 68
う	上杉育未 (小6)	うえすぎいくみ	冬の巻 35
	上田五千石	うえだごせんごく	夏の巻 70
			秋の巻 41, 52
			冬の巻 26, 37
	上田日差子	うえだひざし	春の巻 35
	上野章子	うえのあきこ	夏の巻 70
	上野　泰	うえのやすし	秋の巻 58
			冬の巻 71
	上村占魚	うえむらせんぎょ	春の巻 14, 54, 75
			夏の巻 26, 28, 45, 68
			秋の巻 32
			冬の巻 66, 70
	宇咲冬男	うさきふゆお	春の巻 19
	宇佐美魚目	うさみぎょもく	冬の巻 77
	牛山一庭人	うしやまいっていじん	秋の巻 38
	右城暮石	うしろぼせき	秋の巻 32, 55
			冬の巻 21
	臼田亜浪	うすだあろう	夏の巻 66
			冬の巻 35, 54
	宇多喜代子	うだきよこ	春の巻 17, 34
			夏の巻 49
	内山忍冬	うちやまにんどう	冬の巻 48
	宇都木水晶花	うつぎすいしょうか	冬の巻 66
	有働　亨	うどうとおる	冬の巻 66
	梅田桑弧	うめだそうこ	冬の巻 47
	浦川聡子	うらかわさとこ	春の巻 49
			秋の巻 19
え	江川千代八	えがわちよはち	秋の巻 30
	衛藤　藍 (小5)	えとうあい	秋の巻 34
	遠藤梧逸	えんどうごいつ	春の巻 63
	遠藤文子	えんどうふみこ	夏の巻 61
	塩谷鵜平	えんやうへい	秋の巻 59
お	及川　貞	おいかわてい	春の巻 15
			秋の巻 69

	俳人名	読み	掲載頁
	生出鬼子	おいできし	春の巻 25
	大内隆太 (小1)	おおうちりゅうた	秋の巻 47
	大木あまり	おおきあまり	春の巻 42, 49
			冬の巻 41
	大串　章	おおぐしあきら	夏の巻 43, 65
			冬の巻 20
	大佐　優	おおさゆう	夏の巻 53
	大須賀乙字	おおすがおつじ	春の巻 45
			冬の巻 79
	大高　翔	おおたかしょう	春の巻 47, 48
			夏の巻 12
	大嶽青児	おおたけせいじ	春の巻 17
	太田鴻村	おおたこうそん	夏の巻 50
	大谷かんな (小3)	おおたにかんな	夏の巻 25
	太田美穂 (中2)	おおたみほ	夏の巻 29
	大辻山査子	おおつじさんざし	夏の巻 58
	大野由貴 (小5)	おおのゆき	冬の巻 32
	大野林火	おおのりんか	春の巻 55, 63
			夏の巻 6, 13, 17, 33, 41
			秋の巻 23, 26, 37, 50
			冬の巻 43, 56
			入門編 47
	大橋敦子	おおはしあつこ	冬の巻 74
	大橋越央子	おおはしえつおうし	秋の巻 42
	大橋櫻坡子	おおはしおうはし	夏の巻 60
	大場白水郎	おおばはくすいろう	春の巻 21
			夏の巻 66
	大峯あきら	おおみねあきら	秋の巻 47
	大屋達治	おおやたつはる	夏の巻 72
	岡田耿陽	おかだこうよう	夏の巻 62
	岡田日郎	おかだにちお	秋の巻 55
			冬の巻 60
	岡本圭岳	おかもとけいがく	冬の巻 66
	岡本春人	おかもとはるひと	春の巻 48
	岡本　眸	おかもとひとみ	春の巻 23, 29, 41, 44, 61
			夏の巻 15, 42
			冬の巻 17, 26
	岡山孤舟	おかやまこしゅう	秋の巻 62
	小川美幸 (小3)	おがわみゆき	秋の巻 59
	荻原井泉水	おぎわらせいせんすい	入門編 16
	奥坂まや	おくざかまや	春の巻 14, 52
			夏の巻 57
			秋の巻 62
	尾崎放哉	おざきほうさい	春の巻 32
			夏の巻 42
			秋の巻 22
			冬の巻 46
			入門編 16, 30
	小澤　實	おざわみのる	秋の巻 21
	落合水尾	おちあいすいび	夏の巻 48
	尾中　彩 (小1)	おなかあや	春の巻 54
	尾中　彩 (小2)	おなかあや	夏の巻 55
	尾中　彩 (小3)	おなかあや	秋の巻 49
	尾中　彩 (小4)	おなかあや	冬の巻 51
	尾中拓也 (小1)	おなかたくや	冬の巻 53
	鬼貫	おにつら	秋の巻 21
	小野明歩 (小3)	おのあきほ	冬の巻 59
	おのゆうき (小2)		秋の巻 52

人名総合索引

	俳人名	読み	掲載頁
あ	相生垣瓜人	あいおいがきかじん	春の巻 13
			秋の巻 39, 48
			冬の巻 23, 24, 49, 69
	合川月林子	あいかわげつりんし	冬の巻 61
	青木月斗	あおきげっと	春の巻 25
			夏の巻 53
	青柳志解樹	あおやぎしげき	春の巻 13
			秋の巻 50
	赤松蕙子	あかまつけいこ	冬の巻 73
	秋田直人 (5歳)	あきたなおと	春の巻 58
	秋野　恒	あきのこう	春の巻 66
	秋元不死男	あきもとふじお	春の巻 70
			夏の巻 51
			秋の巻 33, 41
	芥川龍之介	あくたがわりゅうのすけ	春の巻 35, 62
			夏の巻 14, 16, 50
			冬の巻 25
	朝倉和江	あさくらかずえ	春の巻 26
			冬の巻 21, 48
	あざ蓉子	あざようこ	冬の巻 73
	安住　敦	あずみあつし	春の巻 20, 39, 47
			夏の巻 14, 39, 79
			秋の巻 37, 43
			冬の巻 27
	阿部　貞	あべてい	夏の巻 73
	阿部隼也 (小6)	あべとしや	冬の巻 33
	阿部ひろし	あべひろし	冬の巻 70
	阿部みどり女	あべみどりじょ	春の巻 18, 27
			夏の巻 23
			秋の巻 40
			冬の巻 12, 17, 47, 75
	飴山　實	あめやまみのる	春の巻 16, 43
			秋の巻 53, 66
			冬の巻 30, 47
	綾部仁喜	あやべじんき	秋の巻 38, 63
	有田洋輔	ありたようすけ	秋の巻 30
	有馬朗人	ありまあきと	秋の巻 67
	有馬ひろこ	ありまひろこ	秋の巻 13
	阿波野青畝	あわのせいほ	夏の巻 17, 21, 42, 65
			秋の巻 13, 22, 35, 61
			冬の巻 21, 24, 29, 52, 53, 71
			入門編 17, 40
	安斎洋子 (中3)	あんざいようこ	冬の巻 58
い	飯尾宗祇	いいおそうぎ	入門編 13
	飯島桂峰	いいじまけいほう	冬の巻 39
	飯島晴子	いいじまはるこ	春の巻 48, 55
			夏の巻 47
			秋の巻 48
			冬の巻 75
	飯田蛇笏	いいだだこつ	春の巻 42, 75
			夏の巻 36
			秋の巻 7, 12, 21, 27, 44, 63, 67
			冬の巻 24, 28, 49, 73
			入門編 17, 32
	飯田龍太	いいだりゅうた	春の巻 40, 49, 50
			夏の巻 7, 15, 17, 52, 61, 75, 77
			秋の巻 12, 14, 49
	五十嵐播水	いがらしばんすい	夏の巻 35

	俳人名	読み	掲載頁
			冬の巻 65
	藺草慶子	いぐさけいこ	春の巻 26, 44,
			夏の巻 34
			秋の巻 37, 46
			冬の巻 29, 42, 77
	池上不二子	いけがみふじこ	夏の巻 30
	池田秀水	いけだしゅうすい	春の巻 70
	池田澄子	いけだすみこ	春の巻 58
			夏の巻 55
	池内たけし	いけのうちたけし	春の巻 62
			夏の巻 34, 72
			入門編 2
	池内友次郎	いけのうちともじろう	春の巻 27, 59
			冬の巻 78
	いさ桜子	いささくらこ	春の巻 44
	石川桂郎	いしかわけいろう	春の巻 37, 49, 51
			夏の巻 35, 44
			冬の巻 21, 71
	石　寒太	いしかんた	春の巻 52
			秋の巻 23
	石嶌　岳	いしじまがく	春の巻 57, 67
	石田あき子	いしだあきこ	春の巻 38
			冬の巻 55
	石田いづみ	いしだいづみ	夏の巻 53
			秋の巻 27, 70
			冬の巻 13, 49, 63
	石田勝彦	いしだかつひこ	春の巻 40
			夏の巻 63
			秋の巻 51, 54
			冬の巻 34, 62
	石田郷子	いしだきょうこ	春の巻 32, 35
			夏の巻 12, 47
			秋の巻 17, 24, 25, 41
			冬の巻 37, 49, 59, 60
	石田波郷	いしだはきょう	春の巻 12, 62
			夏の巻 2, 12, 18, 24, 25, 26, 28, 35, 43, 45, 63, 68
			秋の巻 21, 25, 37, 51, 52, 63
			冬の巻 12, 32, 51, 61
			入門編 17, 50
	石塚友二	いしづかともじ	春の巻 13
			夏の巻 49
			冬の巻 16, 31
	石灰桃子 (小5)	いしばいももこ	秋の巻 29
	石橋辰之助	いしばしたつのすけ	秋の巻 61
	石原八束	いしはらやつか	春の巻 38
			夏の巻 33
			冬の巻 24
	泉川祐弥 (小6)	いずみかわゆうや	秋の巻 24
	泉　鏡花	いずみきょうか	夏の巻 39
	伊丹三樹彦	いたみみきひこ	秋の巻 17
	市村不先	いちむらふせん	春の巻 42
	一茶	いっさ	春の巻 4, 12, 31, 41, 50, 52, 57
			夏の巻 17, 29, 31, 59, 62
			秋の巻 22, 25, 54, 69, 71
			冬の巻 34, 55, 62, 78
			入門編 15,24
	伊藤京子	いとうきょうこ	夏の巻 57

	季語・傍題	読み	掲載頁
	ぼたん鍋	ぼたんなべ	秋の巻 40
	ぼたん雪	ぼたんゆき	春の巻 28
	ほととぎす		夏の巻 52
	穂麦	ほむぎ	夏の巻 66
	掘ごたつ	ほりごたつ	冬の巻 41
	盆	ぼん	秋の巻 37
	盆踊り	ぼんおどり	秋の巻 35
ま	まいまい		夏の巻 61
	マスク	ますく	冬の巻 38
	松納め	まつおさめ	冬の巻 76
	まつたけ		秋の巻 71
	松手入	まつていれ	秋の巻 32
	松の内	まつのうち	冬の巻 66
	松虫	まつむし	秋の巻 46
	マツヨイグサ	まつよいぐさ	夏の巻 79
	祭	まつり	夏の巻 46
	祭足袋	まつりたび	夏の巻 46
	祭笛	まつりぶえ	夏の巻 46
	マフラー	まふらー	冬の巻 37
	豆打ち	まめうち	冬の巻 23
	豆の花	まめのはな	春の巻 67
	豆まき	まめまき	冬の巻 23
	豆名月	まめめいげつ	秋の巻 23
	豆飯	まめめし	夏の巻 30
	まゆ玉	まゆだま	冬の巻 77
	まゆ団子	まゆだんご	冬の巻 77
	まんじゅしゃげ		秋の巻 69
み	実梅	みうめ	夏の巻 68
	みかん		冬の巻 58
	実桜	みざくら	夏の巻 67
	短夜	みじかよ	夏の巻 24
	水遊び	みずあそび	夏の巻 43
	水着	みずぎ	夏の巻 43
	みずすまし		夏の巻 58
	水澄む	みずすむ	秋の巻 29
	水鳥	みずどり	冬の巻 53
	みぞれ・みぞる(みぞれる)		冬の巻 28
	三日	みっか	冬の巻 65
	蜜蜂	みつばち	春の巻 56
	緑	みどり	夏の巻 63
	緑さす	みどりさす	夏の巻 63
	みどりの日	みどりのひ	春の巻 38
	水無月	みなづき	夏の巻 16
	南風	みなみ	夏の巻 21
	南風	みなみかぜ	夏の巻 21
	峰雲	みねぐも	夏の巻 19
	みの虫	みのむし	秋の巻 48
	みみず		夏の巻 61
	深雪	みゆき	冬の巻 28
む	迎え火	むかえび	秋の巻 37
	麦	むぎ	夏の巻 66
	麦の秋	むぎのあき	夏の巻 14
	麦の穂	むぎのほ	夏の巻 66
	麦藁帽子	むぎわらぼうし	夏の巻 32
	むく		秋の巻 43
	むくげ		秋の巻 49
	椋鳥	むくどり	秋の巻 43
	無月	むげつ	秋の巻 23
	虫	むし	秋の巻 46
	虫時雨	むししぐれ	秋の巻 46
	むじな		冬の巻 50
	水温む	むずぬるむ	春の巻 32
	睦月	むつき	春の巻 13
	室咲き	むろざき	冬の巻 57
	室の花	むろのはな	冬の巻 57
め	名月	めいげつ	秋の巻 22
	目借り時	めかりどき	春の巻 23
	目高	めだか	夏の巻 54
	芽立ち	めだち	春の巻 62
	芽吹く	めぶく	春の巻 62
	メロン	めろん	夏の巻 75
も	毛布	もうふ	冬の巻 36
	もがり笛	もがりぶえ	冬の巻 26
	もくせい		秋の巻 49
	木蓮	もくれん	春の巻 59
	鵙	もず	秋の巻 42
	鵙のはやにえ	もずのはやにえ	秋の巻 42
	餅	もち	冬の巻 34
	餅つき	もちつき	冬の巻 34
	餅花	もちばな	冬の巻 77
	ものの芽	もののめ	春の巻 69
	紅葉	もみじ	秋の巻 55
	黄葉	もみじ	秋の巻 55
	紅葉狩	もみじがり	秋の巻 55
	桃	もも	秋の巻 50
	桃の節句	もものせっく	春の巻 40
	桃の花	もものはな	春の巻 60
	桃の実	もものみ	秋の巻 50
	もろこし		秋の巻 64
	紋白蝶	もんしろちょう	春の巻 55
や	八重桜	やえざくら	春の巻 58
	夜学	やがく	秋の巻 30
	焼きいも	やきいも	冬の巻 38
	焼栗	やきぐり	秋の巻 52
	夜食	やしょく	秋の巻 31
	八千草	やちぐさ	秋の巻 65
	八つ手の花	やつでのはな	冬の巻 56
	柳	やなぎ	春の巻 62
	山眠る	やまねむる	冬の巻 30
	山始め	やまはじめ	冬の巻 70
	山開き	やまびらき	夏の巻 48
	山吹	やまぶき	春の巻 60
	山百合	やまゆり	夏の巻 73
	山よそおう	やまよそおう	秋の巻 28
	山笑う	やまわらう	春の巻 32
	やや寒	ややさむ	秋の巻 18
	弥生	やよい	春の巻 18
	夜涼	やりょう	夏の巻 17
	破れ芭蕉	やればしょう	秋の巻 57

	季語・傍題	読み	掲載頁
	ふぐ		冬の巻 54
	福寿草	ふくじゅそう	冬の巻 79
	福は内	ふくはうち	冬の巻 22
	ふくべ		秋の巻 62
	ふくろう		冬の巻 53
	袋掛け	ふくろかけ	夏の巻 30
	福笑い	ふくわらい	冬の巻 74
	藤	ふじ	春の巻 60
	藤棚	ふじだな	春の巻 60
	二日	ふつか	冬の巻 65
	復活祭	ふっかつさい	春の巻 38
	文月	ふづき・ふみづき	秋の巻 12
	仏生会	ぶっしょうえ	春の巻 40
	筆始め	ふではじめ	冬の巻 70
	ぶどう		秋の巻 51
	ふとん		冬の巻 36
	吹雪	ふぶき	冬の巻 28
	冬	ふゆ	冬の巻 12
	冬青草	ふゆあおくさ	冬の巻 63
	冬青空	ふゆあおぞら	冬の巻 24
	冬暁	ふゆあかつき	冬の巻 18
	冬あけぼの	ふゆあけぼの	冬の巻 18
	冬うらら	ふゆうらら	冬の巻 24
	冬枯れ	ふゆがれ	冬の巻 59
	冬木	ふゆき	冬の巻 60
	冬菊	ふゆぎく	冬の巻 61
	冬来る	ふゆきたる	冬の巻 13
	冬銀河	ふゆぎんが	冬の巻 25
	冬草	ふゆくさ	冬の巻 63
	冬木立	ふゆこだち	冬の巻 60
	冬支度	ふゆじたく	秋の巻 32
	冬空	ふゆぞら	冬の巻 24
	冬田	ふゆた	冬の巻 31
	冬立つ	ふゆたつ	冬の巻 13
	冬近し	ふゆちかし	秋の巻 19
	冬隣	ふゆどなり	秋の巻 19
	冬灯し	ふゆともし	冬の巻 41
	冬菜	ふゆな	冬の巻 62
	冬菜畑	ふゆなばた	冬の巻 62
	冬に入る	ふゆにいる	冬の巻 13
	冬野	ふゆの	冬の巻 30
	冬の朝	ふゆのあさ	冬の巻 18
	冬の雨	ふゆのあめ	冬の巻 27
	冬の海	ふゆのうみ	冬の巻 32
	冬の梅	ふゆのうめ	冬の巻 55
	冬の風	ふゆのかぜ	冬の巻 26
	冬の川	ふゆのかわ	冬の巻 32
	冬の雲	ふゆのくも	冬の巻 24
	冬の暮	ふゆのくれ	冬の巻 18
	冬の空	ふゆのそら	冬の巻 24
	冬の月	ふゆのつき	冬の巻 25
	冬の日	ふゆのひ	冬の巻 23
	冬の灯	ふゆのひ	冬の巻 41
	冬の星	ふゆのほし	冬の巻 25
	冬の水	ふゆのみず	冬の巻 31
	冬の山	ふゆのやま	冬の巻 30
	冬の夜	ふゆのよ	冬の巻 18
	冬はじめ	ふゆはじめ	冬の巻 12
	冬晴れ	ふゆばれ	冬の巻 24
	冬日	ふゆび	冬の巻 23
	冬日向	ふゆひなた	冬の巻 23
	冬日和	ふゆびより	冬の巻 24
	冬深し	ふゆふかし	冬の巻 21
	冬深む（冬深まる）	ふゆふかむ	冬の巻 21
	冬帽	ふゆぼう	冬の巻 37
	冬帽子	ふゆぼうし	冬の巻 37
	冬満月	ふゆまんげつ	冬の巻 25
	冬三日月	ふゆみかづき	冬の巻 25
	冬めく	ふゆめく	冬の巻 14
	冬萌	ふゆもえ	冬の巻 63
	冬紅葉	ふゆもみじ	冬の巻 58
	冬休み	ふゆやすみ	冬の巻 35
	冬山	ふゆやま	冬の巻 30
	冬用意	ふゆようい	秋の巻 32
	ふよう		秋の巻 50
	ふらここ		春の巻 47
	ぶらんこ		春の巻 47
	フリージア	ふりーじあ	春の巻 64
	プリムラ	ぷりむら	春の巻 73
	文化の日	ぶんかのひ	秋の巻 39
	噴水	ふんすい	夏の巻 35
へ	へちま		秋の巻 62
	蛇	へび	夏の巻 51
	蛇穴に入る	へびあなにいる	秋の巻 41
	ぺんぺん草	ぺんぺんぐさ	春の巻 71
	遍路	へんろ	春の巻 41
ほ	ポインセチア	ぽいんせちあ	冬の巻 57
	ほうせんか		秋の巻 59
	ほうたる		夏の巻 55
	ぼうたん		夏の巻 65
	豊年	ほうねん	秋の巻 33
	忘年会	ぼうねんかい	冬の巻 35
	ぼうふら		夏の巻 60
	ほうれんそう		春の巻 68
	朴落葉	ほおおちば	冬の巻 59
	鬼灯	ほおずき	秋の巻 59
	ほおずき市	ほおずきいち	夏の巻 47
	ボート	ぼーと	夏の巻 43
	朴の花	ほおのはな	夏の巻 64
	墓参	ぼさん	秋の巻 38
	星合い	ほしあい	秋の巻 37
	星冴ゆ	ほしさゆ	冬の巻 25
	星涼し	ほしすずし	夏の巻 20
	星月夜	ほしづきよ・ほしづくよ	秋の巻 24
	星飛ぶ	ほしとぶ	秋の巻 24
	星祭	ほしまつり	秋の巻 37
	干わらび	ほしわらび	春の巻 73
	ほたる		夏の巻 55
	ほたる草	ほたるぐさ	秋の巻 70
	牡丹	ぼたん	夏の巻 65

季語・傍題	読み	掲載頁
墓参り	はかまいり	秋の巻 38
萩	はぎ	秋の巻 66
麦秋	ばくしゅう	夏の巻 14
薄暑	はくしょ	夏の巻 14
白鳥	はくちょう	冬の巻 53
白桃	はくとう	秋の巻 50
白木蓮	はくれん	春の巻 59
羽子板	はごいた	冬の巻 75
稲架	はさ（はざ）	秋の巻 34
端居	はしい	夏の巻 35
芭蕉	ばしょう	秋の巻 57
蓮	はす	夏の巻 76
蓮の実	はすのみ	秋の巻 60
裸	はだか	夏の巻 36
裸木	はだかぎ	冬の巻 60
裸子	はだかご	夏の巻 36
肌寒	はださむ	秋の巻 18
はたた神	はたたがみ	夏の巻 22
はたはた		秋の巻 47
蜂	はち	春の巻 56
八月	はちがつ	秋の巻 13
八十八夜	はちじゅうはちや	春の巻 19
はちす		夏の巻 76
初茜	はつあかね	冬の巻 66
初明り	はつあかり	冬の巻 66
初秋	はつあき	秋の巻 12
初午	はつうま	春の巻 35
初鴉	はつがらす	冬の巻 79
葉月	はづき	秋の巻 14
初景色	はつげしき	冬の巻 67
初仕事	はつしごと	冬の巻 70
初雀	はつすずめ	冬の巻 78
ばった		秋の巻 47
初蝶	はつちょう	春の巻 55
初電話	はつでんわ	冬の巻 73
はつなつ		夏の巻 12
初荷	はつに	冬の巻 70
初荷馬	はつにうま	冬の巻 71
初荷船	はつにぶね	冬の巻 71
初音	はつね	春の巻 51
初春	はつはる	冬の巻 64
初日	はつひ	冬の巻 66
初富士	はつふじ	冬の巻 67
初冬	はつふゆ	冬の巻 12
初風呂	はつぶろ	冬の巻 73
初詣	はつもうで	冬の巻 78
初湯	はつゆ	冬の巻 73
初雪	はつゆき	冬の巻 28
初夢	はつゆめ	冬の巻 75
花	はな	春の巻 58
花あざみ	はなあざみ	春の巻 75
花いばら	はないばら	夏の巻 69
花卯木	はなうつぎ	夏の巻 65
花うばら	はなうばら	夏の巻 69
花カンナ	はなかんな	秋の巻 58
花桐	はなぎり	夏の巻 77
花曇り	はなぐもり	春の巻 30
花栗	はなぐり	夏の巻 77
花しょうぶ	はなしょうぶ	夏の巻 66
花すすき	はなすすき	秋の巻 67
花すみれ	はなすみれ	春の巻 70
花大根	はなだいこん	春の巻 66
花種まく	はなだねまく	春の巻 44
花椿	はなつばき	春の巻 57
花菜	はなな	春の巻 65
花野	はなの	秋の巻 28
花の冷え	はなのひえ	春の巻 22
花火	はなび	夏の巻 41
花冷え	はなびえ	春の巻 22
花吹雪	はなふぶき	春の巻 58
花ふよう	はなふよう	秋の巻 50
花祭り	はなまつり	春の巻 40
パナマ帽	ぱなまぼう	夏の巻 32
花見	はなみ	春の巻 58
花御堂	はなみどう	春の巻 40
花八手	はなやつで	冬の巻 56
花りんご	はなりんご	春の巻 61
羽抜け鳥	はぬけどり	夏の巻 51
羽子	はね	冬の巻 75
羽子つき	はねつき	冬の巻 75
母子草	ははこぐさ	春の巻 74
母の日	ははのひ	夏の巻 46
葉ぼたん	はぼたん	冬の巻 61
はまぐり		春の巻 53
はまなす		夏の巻 78
ばら		夏の巻 69
パラソル	ぱらそる	夏の巻 32
針納め	はりおさめ	春の巻 39
針供養	はりくよう	春の巻 39
針祭る	はりまつる	春の巻 39
春	はる	春の巻 12
春浅し	はるあさし	春の巻 14
春嵐	はるあらし	春の巻 27
春荒れ	はるあれ	春の巻 27
春一番	はるいちばん	春の巻 26
春うれい	はるうれい	春の巻 48
春惜しむ	はるおしむ	春の巻 18
春風	はるかぜ	春の巻 26
春かなし	はるかなし	春の巻 48
春川	はるかわ	春の巻 33
春着	はるぎ	冬の巻 71
春来る	はるくる	春の巻 13
春ごたつ	はるごたつ	春の巻 42
春寒	はるさむ	春の巻 14
春寒し	はるさむし	春の巻 14
春雨	はるさめ	春の巻 28
春三番	はるさんばん	春の巻 26
春時雨	はるしぐれ	春の巻 28
春田	はるた	春の巻 33
春立つ	はるたつ	春の巻 13

	季語・傍題	読み	掲載頁
	ちまき		夏の巻 44
	茶摘み	ちゃつみ	春の巻 44
	茶の花	ちゃのはな	冬の巻 56
	中日	ちゅうにち	春の巻 16
	チューリップ	ちゅーりっぷ	春の巻 65
	蝶	ちょう	春の巻 55
	散る萩	ちるはぎ	秋の巻 66
つ	一日	ついたち	冬の巻 65
	追儺	ついな	冬の巻 22
	月	つき	秋の巻 22
	月冴ゆ	つきさゆ	冬の巻 25
	月涼し	つきすずし	夏の巻 19
	ツキノワグマ	つきのわぐま	冬の巻 49
	月見	つきみ	秋の巻 22
	月見草	つきみそう	夏の巻 79
	月見団子	つきみだんご	秋の巻 22
	月見豆	つきみまめ	秋の巻 31
	つくし		春の巻 72
	つくしんぼ		春の巻 72
	つくづくし		春の巻 72
	つくつくぼうし		秋の巻 46
	つつじ		春の巻 59
	椿	つばき	春の巻 57
	つばくらめ		春の巻 52
	つばくろ		春の巻 52
	つばめ		春の巻 52
	つばめの子	つばめのこ	夏の巻 52
	つまくれない		秋の巻 59
	爪紅	つまべに	秋の巻 59
	摘草	つみくさ	春の巻 45
	冷たし	つめたし	冬の巻 19
	梅雨	つゆ	夏の巻 15
	露	つゆ	秋の巻 27
	梅雨明け	つゆあけ	夏の巻 15
	露草	つゆくさ	秋の巻 70
	梅雨雲	つゆぐも	夏の巻 15
	露けし	つゆけし	秋の巻 27
	梅雨寒	つゆさむ	夏の巻 15
	露の玉	つゆのたま	秋の巻 27
	梅雨の蝶	つゆのちょう	夏の巻 55
	梅雨夕焼	つゆゆうやけ	夏の巻 15
	強東風	つよごち	春の巻 26
	つらら		冬の巻 33
	吊り忍	つりしのぶ	夏の巻 38
	釣堀	つりぼり	夏の巻 35
	鶴	つる	冬の巻 52
	鶴来る	つるくる	秋の巻 41
	つるべ落とし	つるべおとし	秋の巻 16
て	てっちり		冬の巻 54
	ででむし		夏の巻 61
	手花火	てはなび	夏の巻 41
	手袋	てぶくろ	冬の巻 37
	出水	でみず	夏の巻 27
	出水川	でみずがわ	夏の巻 27
	天花粉	てんかふん	夏の巻 40

	季語・傍題	読み	掲載頁
	天高し	てんたかし	秋の巻 21
	でんでん虫	でんでんむし	夏の巻 61
	てんとう虫	てんとうむし	夏の巻 57
と	灯蛾	とうが	夏の巻 54
	灯火親しむ	とうかしたしむ	秋の巻 32
	唐辛子	とうがらし	秋の巻 63
	とうきび・とうもろこし		秋の巻 64
	冬至	とうじ	冬の巻 15
	冬至南瓜	とうじかぼちゃ	冬の巻 15
	冬至がゆ	とうじがゆ	冬の巻 15
	冬天	とうてん	冬の巻 24
	とうなす		秋の巻 61
	冬眠	とうみん	冬の巻 49
	冬麗	とうれい	冬の巻 24
	とうろう		秋の巻 48
	とかげ		夏の巻 51
	どくだみ		夏の巻 70
	ところてん		夏の巻 37
	登山	とざん	夏の巻 42
	年明くる（年明ける）	としあくる	冬の巻 64
	年歩む	としあゆむ	冬の巻 16
	年改まる	としあらたまる	冬の巻 64
	年惜しむ	としおしむ	冬の巻 17
	年終る	としおわる	冬の巻 16
	年暮るる（年暮れる）	としくるる	冬の巻 16
	年越しそば	としこしそば	冬の巻 35
	年立つ	としたつ	冬の巻 64
	年玉	としだま	冬の巻 69
	年の市	としのいち	冬の巻 33
	年の内	としのうち	冬の巻 16
	年の暮	としのくれ	冬の巻 16
	年の瀬	としのせ	冬の巻 16
	年の果	としのはて	冬の巻 16
	年の豆	としのまめ	冬の巻 22
	年の夜	としのよ・としのよる	冬の巻 16
	年迎う（年迎える）	としむかう	冬の巻 64
	年用意	としようい	冬の巻 34
	年忘れ	としわすれ	冬の巻 35
	殿さまばった	とのさまばった	秋の巻 47
	トマト	とまと	夏の巻 74
	土用	どよう	夏の巻 17
	土用三郎	どようさぶろう	夏の巻 17
	土用次郎	どようじろう	夏の巻 17
	土用太郎	どようたろう	夏の巻 17
	土用の入り	どようのいり	夏の巻 17
	豊の秋	とよのあき	秋の巻 33
	鳥威し	とりおどし	秋の巻 33
	鳥帰る	とりかえる	春の巻 49
	鳥曇り	とりぐもり	春の巻 30
	酉の市	とりのいち	冬の巻 47
	鳥の巣	とりのす	春の巻 52
	どんぐり		秋の巻 54
	とんど		冬の巻 78
	どんど		冬の巻 78
	とんぼ・とんぼう		秋の巻 45

季語・傍題	読み	掲載頁
椎若葉	しいわかば	夏の巻62
しおからとんぼ		秋の巻45
潮干狩り	しおひがり	春の巻44
四温	しおん	冬の巻21
鹿	しか	秋の巻40
四月	しがつ	春の巻17
四月馬鹿	しがつばか	春の巻38
シクラメン	しくらめん	春の巻65
時雨るる（時雨れる）	しぐるる	冬の巻26
時雨	しぐれ	冬の巻26
茂り	しげり	夏の巻64
仕事始め	しごとはじめ	冬の巻70
しし		秋の巻40
猪垣	ししがき	秋の巻40
獅子頭	ししがしら	冬の巻72
獅子舞	ししまい	冬の巻72
しじみ		春の巻54
しじみ汁	しじみじる	春の巻54
しじみ蝶	しじみちょう	春の巻55
しそ		夏の巻76
下萌	したもえ	春の巻69
下闇	したやみ	夏の巻64
七月	しちがつ	夏の巻16
七五三	しちごさん	冬の巻48
七変化	しちへんげ	夏の巻70
四万六千日	しまんろくせんにち	夏の巻47
地虫出ず	じむしいず	春の巻16
しめ飾り	しめかざり	冬の巻68
しめじ		秋の巻71
しめ作り	しめづくり	冬の巻43
霜	しも	冬の巻28
霜おおい	しもおおい	冬の巻40
霜囲い	しもがこい	冬の巻40
霜月	しもつき	冬の巻14
霜柱	しもばしら	冬の巻32
霜晴れ	しもばれ	冬の巻28
霜焼け	しもやけ	冬の巻46
霜夜	しもよ	冬の巻19
霜除け	しもよけ	冬の巻40
じゃがいも		秋の巻62
蛇のひげの実	じゃのひげのみ	冬の巻63
しやぼん玉	しゃぼんだま	春の巻46
三味線草	しゃみせんぐさ	春の巻71
シャワー	しゃわー	夏の巻34
十一月	じゅういちがつ	冬の巻13
十月	じゅうがつ	秋の巻16
十五夜	じゅうごや	秋の巻22
十三夜	じゅうさんや	秋の巻23
秋水	しゅうすい	秋の巻29
鞦韆	しゅうせん	春の巻47
終戦記念日	しゅうせんきねんび	秋の巻38
終戦日	しゅうせんび	秋の巻38
秋天	しゅうてん	秋の巻21
十二月	じゅうにがつ	冬の巻14
秋分	しゅうぶん	秋の巻15
十薬	じゅうやく	夏の巻70
秋霖	しゅうりん	秋の巻26
秋麗	しゅうれい	秋の巻17
秋冷	しゅうれい	秋の巻18
受験	じゅけん	春の巻36
数珠玉	じゅずだま	秋の巻67
春寒	しゅんかん	春の巻14
春暁	しゅんぎょう	春の巻19
春月	しゅんげつ	春の巻24
春光	しゅんこう	春の巻23
春愁	しゅんしゅう	春の巻48
春星	しゅんせい	春の巻25
春雪	しゅんせつ	春の巻28
春昼	しゅんちゅう	春の巻20
春泥	しゅんでい	春の巻34
春灯	しゅんとう	春の巻42
しゅんぷう		春の巻26
春分	しゅんぶん	春の巻16
春分の日	しゅんぶんのひ	春の巻16
春眠	しゅんみん	春の巻48
春雷	しゅんらい	春の巻29
正月	しょうがつ	冬の巻64
小寒	しょうかん	冬の巻17
菖蒲田	しょうぶだ	夏の巻66
しょうぶ湯	しょうぶゆ	夏の巻45
しょうりょうばった		秋の巻47
初夏	しょか	夏の巻12
暑気払い	しょきばらい	夏の巻39
初秋	しょしゅう	秋の巻12
除雪車	じょせつしゃ	冬の巻40
初冬	しょとう	冬の巻12
除夜	じょや	冬の巻16
白息	しらいき	冬の巻46
白魚	しらうお	春の巻52
白露	しらつゆ	秋の巻27
白南風	しらはえ	夏の巻21
白萩	しらはぎ	秋の巻66
白藤	しらふじ	春の巻60
白百合	しらゆり	夏の巻73
代掻き	しろかき	夏の巻31
白酒	しろざけ	春の巻40
しろつめ草	しろつめぐさ	春の巻71
師走	しわす	冬の巻15
進級	しんきゅう	春の巻36
震災忌	しんさいき	秋の巻38
震災記念日	しんさいきねんび	秋の巻38
深秋	しんしゅう	秋の巻19
新茶	しんちゃ	夏の巻30
沈丁	じんちょう	春の巻59
沈丁花	じんちょうげ	春の巻59
新入生	しんにゅうせい	春の巻37
新年	しんねん	冬の巻64
新米	しんまい	秋の巻30
新涼	しんりょう	秋の巻14
新緑	しんりょく	夏の巻63

	季語・傍題	読み	掲載頁
	蛙	かわず	春の巻 50
	蛙の目借り時	かわずのめかりどき	春の巻 23
	川開き	かわびらき	夏の巻 48
	寒	かん	冬の巻 17
	寒明くる	かんあくる	春の巻 13
	寒明け	かんあけ	春の巻 13
	寒雲	かんうん	冬の巻 24
	寒菊	かんぎく	冬の巻 61
	寒暁	かんぎょう	冬の巻 18
	寒月	かんげつ	冬の巻 25
	閑古鳥	かんこどり	夏の巻 52
	元日	がんじつ	冬の巻 65
	寒星	かんせい	冬の巻 25
	元旦	がんたん	冬の巻 65
	寒中	かんちゅう	冬の巻 17
	元朝	がんちょう	冬の巻 65
	寒灯	かんとう	冬の巻 41
	関東焚き	かんとうだき	冬の巻 39
	関東煮	かんとうに	冬の巻 39
	カンナ	かんな	秋の巻 58
	神無月	かんなづき	冬の巻 12
	寒の暁	かんのあけ	冬の巻 18
	寒の入り	かんのいり	冬の巻 17
	寒の内	かんのうち	冬の巻 17
	寒波	かんぱ	冬の巻 20
	寒風	かんぷう	冬の巻 26
	寒暮	かんぼ	冬の巻 18
	感冒	かんぼう	冬の巻 46
	寒戻る	かんもどる	春の巻 14
	寒夜	かんや	冬の巻 19
	寒林	かんりん	冬の巻 60
き	ききょう・きちこう		秋の巻 69
	菊	きく	秋の巻 60
	菊人形	きくにんぎょう	秋の巻 36
	菊日和	きくびより	秋の巻 60
	如月	きさらぎ	春の巻 16
	黄水仙	きずいせん	春の巻 63
	北風	きた	冬の巻 26
	北風	きたかぜ	冬の巻 26
	きちきち		秋の巻 47
	吉書	きっしょ	冬の巻 70
	きつつき		秋の巻 43
	きつね		冬の巻 50
	きぬかつぎ		秋の巻 63
	きのこ		秋の巻 71
	きのこ山	きのこやま	秋の巻 71
	着ぶくれ	きぶくれ	冬の巻 36
	キャンプ	きゃんぷ	夏の巻 42
	旧正	きゅうしょう	春の巻 12
	旧正月	きゅうしょうがつ	春の巻 12
	胡瓜	きゅうり	夏の巻 75
	夾竹桃	きょうちくとう	夏の巻 79
	今日の月	きょうのつき	秋の巻 22
	御慶	ぎょけい	冬の巻 69
	霧	きり	秋の巻 27

	季語・傍題	読み	掲載頁
	きりぎりす		秋の巻 46
	切ごたつ	きりごたつ	冬の巻 41
	桐の花	きりのはな	夏の巻 77
	桐一葉	きりひとは	秋の巻 56
	銀河	ぎんが	秋の巻 24
	銀漢	ぎんかん	秋の巻 24
	金魚	きんぎょ	夏の巻 53
	金魚田	きんぎょた	夏の巻 53
	金魚玉	きんぎょだま	夏の巻 53
	金魚鉢	きんぎょばち	夏の巻 53
	ぎんなん		秋の巻 55
	きんもくせい		秋の巻 49
	ぎんもくせい		秋の巻 49
	銀やんま	ぎんやんま	秋の巻 45
	勤労感謝の日	きんろうかんしゃのひ	冬の巻 48
く	くいつみ		冬の巻 72
	クーラー	くーらー	夏の巻 33
	九月	くがつ	秋の巻 14
	くきだち		春の巻 68
	茎立	くくたち	春の巻 68
	草青む	くさあおむ	春の巻 69
	草いきれ	くさいきれ	夏の巻 63
	草相撲	くさずもう	秋の巻 35
	草のにしき	くさのにしき	秋の巻 65
	草の花	くさのはな	秋の巻 65
	草の実	くさのみ	秋の巻 65
	草笛	くさぶえ	夏の巻 41
	くさめ		冬の巻 46
	草餅	くさもち	春の巻 41
	草紅葉	くさもみじ	秋の巻 65
	くしゃみ		冬の巻 46
	葛の花	くずのはな	秋の巻 68
	葛餅	くずもち	夏の巻 38
	葛湯	くずゆ	冬の巻 38
	くちなし		夏の巻 78
	熊	くま	冬の巻 49
	熊手	くまで	冬の巻 47
	くも		夏の巻 61
	くもの囲	くものい	夏の巻 61
	雲の峰	くものみね	夏の巻 19
	くらげ		夏の巻 62
	栗	くり	秋の巻 52
	栗ご飯	くりごはん	秋の巻 52
	栗咲く	くりさく	夏の巻 77
	クリスマス	くりすます	冬の巻 48
	クリスマス・イブ	くりすます・いぶ	冬の巻 48
	クリスマスツリー	くりすますつりー	冬の巻 48
	栗の花	くりのはな	夏の巻 77
	栗名月	くりめいげつ	秋の巻 23
	くるみ		秋の巻 52
	暮早し	くれはやし	冬の巻 18
	クローバー	くろーばー	春の巻 71
	クロール	くろーる	夏の巻 42
	クロッカス	くろっかす	春の巻 65
	黒南風	くろはえ	夏の巻 21